Luise und Willy Schottroff

Die Macht der Auferstehung

Luise und Willy Schottroff

Die Macht der Auferstehung

Sozialgeschichtliche Bibelauslegungen

Chr. Kaiser

CIP-Kurztitelaufnahme der Deutschen Bibliothek

Schottroff, Luise:

Die Macht der Auferstehung : sozialgeschichtl.
Bibelauslegungen / Luise u. Willy Schottroff. –
München: Kaiser, 1988
(Kaiser-Taschenbücher; 30)
ISBN 3-459-01725-2
ISSN 0931-7732
NE: Schottroff, Willy:; GT

Umschlag: Ingeborg Geith, München, unter Verwendung des Motives
»Der Weberzug« von Käthe Kollwitz
© VG Bild-Kunst, Bonn, 1988
Satz: Druckerei Sommer, Feuchtwangen
Druck und Bindung: Clausen & Bosse, Leck
Printed in Germany

Inhalt

Einführung

Die Bibelauslegungen dieses Bandes umfassen Themen der Hebräischen Bibel und des Neuen Testaments: Schöpfungsgeschichte, Gottesknecht, Gerechtigkeit, Flüchtlinge, Verhältnis von Christen und Staat u. a. Alle Auslegungen sind von einer Hermeneutik geprägt, die zwei gesellschaftliche Kontexte berücksichtigt. Zunächst ist der gesellschaftliche Kontext damals, zur Zeit der Menschen, die in der Bibel zu Wort kommen, zu berücksichtigen, also sozialgeschichtlich zu fragen. Ebenso wichtig aber ist die Analyse des gesellschaftlichen Kontextes der Bibelausleger/innen. Das heißt im Kontext Deutschland: der Blick auf die Ermordung der Juden und Jüdinnen in deutschen Konzentrationslagern, auf die Ausbeutung der Zweidrittelwelt auch mit Hilfe westdeutscher Wirtschaftsmacht und Rüstungsproduktion und auf die Ungerechtigkeit im Verhältnis von Männern zu Frauen.

Wer heute in unserem Kontext die Wahrheit an sich herankommen läßt, wird von der Verzweiflung und Resignation erfaßt: Wir sind Spielbälle des Wahnsinns, Opfer und Täter/innen zugleich, manipuliert und vom weltweiten Tod bedroht. Die Verheißung Gottes dagegen verspricht Auferstehung, Leben ohne Ende. Diese Verheißung trägt gerade dann, wenn mit offenen Augen der Wahnsinn der Rüstung und Natur- und Menschenzerstörung wahrgenommen wird. Gerade wenn er nicht verdrängt wird, wird die Macht der Auferstehung erfahrbar.

Luise Schottroff

Die Schöpfungsgeschichte Gen 1,1–2,4a*)

I

»Und Gott sah, daß es gut war«

Die fünf Bücher des Mose beginnen bewußt feierlich:
*»Am Anfang schuf Gott Himmel und Erde.
Und die Erde war wüst und leer, und es war finster auf der Tiefe;
und der Geist Gottes schwebte über dem Wasser«.*
Der Anfang der Erde ist dunkel und unordentlich, tohuwabohu – die hebräischen Worte für die Unordnung sind aus diesem Text in unsere Umgangssprache eingegangen. Dunkel und unordentlich ist das Tohuwabohu, aber nicht gefährlich, feindlich, kein Chaos voll Grauen. Die Erde ist vorgestellt als großes Meer, über dem es dunkel ist; aber die Urflut ist, anders als in dem verwandten babylonischen Schöpfungsmythos (»Enuma elisch«)[1], nicht ein personifiziertes Ungeheuer, eine Chaosmacht. Der Anfang der Erde ist Gottes Tat: »Am Anfang schuf Gott Himmel und Erde«. Dies ist die Überschrift über die folgende Schöpfungsgeschichte, die von Anfang an klarstellt, daß Gott eindeutig, mächtig, unbestritten handelt. Er muß nicht Feinde besiegen, sondern nur die anfängliche Unordnung beseitigen. Gottes ruach, sein Geist oder Atem, schwebt über der Urflut. Gottes ruach ist vorgestellt als ein riesengroßer brütender Muttervogel, dessen »Flügelspitzen sich leise bewegen«, wie Martin Buber uns Christen es erklärt hat.[2] Martin Buber war ein großer jüdi-

*) Bibelarbeit am Donnerstag, dem 18. Juni 1987, auf dem Forum »Flüchtlinge und Einwanderer« des 22. Deutschen Evangelischen Kirchentags in Frankfurt a. M.

1 Deutsche Übersetzung (in Auswahl) z. B. W. Beyerlin (Hg.), Religionsgeschichtliches Textbuch zum Alten Testament, Göttingen 1975, 106–110.

2 F. Rosenzweig, Der Mensch und sein Werk. Gesammelte Schriften IV, 2: Sprachdenken. Arbeitspapiere zur Verdeutschung der Schrift, Dordrecht/Boston/Lancaster 1984, 5; M. Buber, Zwei Glaubensweisen, Zürich 1950, 126.

scher Gottesgelehrter, der von fast allen christlichen Theologen seiner Zeit nicht ernstgenommen wurde. Er wurde vom Kultusminister und von Professoren von der Universität Frankfurt verjagt und mußte seine Heimat, Frankfurt und die Bergstraße, verlassen. Wenn wir Christen heute verstehen wollen, was die ruach Gottes ist, können wir von Martin Buber mehr darüber lernen als von vielen wohlbestallten christlichen Dogmatikern, die über die Trinität nachdenken. Der brütende Muttervogel, dessen Flügel vibrieren, ist Gottes belebender Hauch, sein Geist, der Menschen stärkt und aufrichtet. Gottes Geist ist im übrigen kein Mann oder ein Neutrum, sondern eine Frau.

Diese feierliche und klare Schöpfungsgeschichte (Gen 1,1–2,4b) ist zu der Zeit entstanden, als das Volk Israel zu einem Teil nach Babylon deportiert worden war. Das jüdische Land war von der Großmacht der Babylonier seit 605 vChr. besetzt worden, und das Volk lebte das Leben der unterworfenen Vasallen: ein Teil in der Heimat als kleinbäuerliche Landbevölkerung, die den Herren Tribut zu liefern hatte, der Rest, vor allem die Handwerker, in der Deportation, zu Dienstleistungen für die Sieger nach Babylon mitgeführt.[3] Der Tempel in Jerusalem wurde durch den babylonischen König Nebukadnezar II. im Jahre 587 vChr. zerstört, die Stadt dem Erdboden gleichgemacht. Seitdem war »Babylon« den Juden das Symbolwort für die jeweiligen Großmächte, die das Volk im Laufe der folgenden Jahrhunderte unterjochten. Im Neuen Testament ist es das Symbolwort für die grausame Herrschaft der Römer. Die Zerstörung des Tempels damals hat die Geschichte des jüdischen Volkes geprägt: durch die Erinnerung und zugleich die Angst vor der Wiederholung.

Diese deportierten jüdischen Bauern und Handwerker im Land der Herren, in Babylon, sind die Adressaten der Schöpfungsgeschichte der Priesterschrift, einer Schrift, die versucht, dem Volk im Elend eine neue Ordnung und einen umfassenden Kult zu geben, eine Ordnung, die den Deportier-

3 Zur sozialen Situation der Juden in Babylon s. W. Schottroff, Arbeit und sozialer Konflikt im nachexilischen Juda, in: L. u. W. Schottroff (Hg.), Mitarbeiter der Schöpfung, München 1983, 122–128.

ten und Heimatlosen eine Heimat gibt: in einer klaren Gottesbeziehung.
Wie Menschen über Gott reden, daran erkennt man viel von ihrer Lebenswirklichkeit und ihrer Hoffnung. Der Schöpfergott des priesterschriftlichen Schöpfungsberichtes ist wie ein ordentlicher und selbstbewußter Handwerker vorgestellt, wie ein Muttervogel und wie ein souveräner König.

Der Schöpfungsbericht fährt fort:

»Und Gott sprach: Es werde Licht! Und es ward Licht. Und Gott sah, daß das Licht gut war. Da schied Gott das Licht von der Finsternis und nannte das Licht Tag und die Finsternis Nacht. Da ward aus Abend und Morgen der erste Tag«, – das ist Luthers Übersetzung, die die Ruhe und Souveränität der einfachen Sprache dieses Textes deutlich wiedergibt. Gott braucht nur zu sprechen, sein Wort erschafft die Schöpfung. Dieser souveräne König arbeitet auch mit der Hand an der Schöpfung: er trennt Licht und Finsternis. Als Besitzer seiner Werke gibt er den Geschöpfen Namen. Tag und Nacht bekommen ihre Namen und gehören Gott als das Werk seines Wortes und seiner Hände. *»Da ward aus Abend und Morgen der erste Tag.«* Die Diskrepanz zwischen der Klarheit und Ruhe dieses Bildes von der Schöpfung und dem Schmutz und Lärm, mit denen heute die Schöpfung zugedeckt wird, ist quälend. Bei Marianne Katoppo, einer Theologin in Indonesien, habe ich folgendes gelesen: Japan sei vor 1000 Jahren von den Dichtern »die gesegneten Inseln des Großen Friedens (Yamato)« genannt worden, »ein Land mit kristallklarem Wasser, blauem Himmel und wogenden Reisfeldern«. Marianne Katoppo fährt fort: »Das Wasser ist überhaupt nicht mehr klar, und die Luft ist so verschmutzt, daß die Menschen buchstäblich an ihr sterben. Wegen der Proteste der Stadtbevölkerung von Chiba hat die Kawasaki-Stahl-Gesellschaft freundlicherweise ihre Anlage auf die Philippinen verlagert. Das Schicksal Japans ist eindeutig dem falschen Konzept von Entwicklung zu verdanken, das seine Wurzeln in der Haltung der Eroberung hat. Der Anti-Gott, der von Menschenopfern lebt, hat diese falschen Konzepte einge-

flößt.«[4] Diese Geschichte läßt sich rund um die Welt erzählen, rund um die Schöpfung.

Und Gott sah, daß das Licht gut war und nannte die Finsternis Nacht und das Licht Tag. Das gute Licht der Sonne ist manchmal nicht mehr zu sehen. Die größte Luftverschmutzung ist dort, wo die meisten Armen sind, wie in Mexico City zum Beispiel. Aber Frankfurts Luft ist auch krank. Wir Reichen flüchten dann in die Villen nach Königstein/Taunus oder in den drei sogenannten kostbarsten Wochen des Jahres in den Urlaub und suchen die heile Schöpfung an den Stränden des Mittelmeeres oder der dritten Welt. Ich zitiere noch einmal Marianne Katoppo: »Da gibt es einen wundervollen Strand in Bali, von dem aus man großartige Sonnenuntergänge beobachten kann. Bis vor etwa einem Dutzend Jahren haben die Einheimischen ihren Lebensunterhalt hauptsächlich durch Fischen verdient. Der Strand war von Fischerbooten gesäumt. Jetzt haben Hotelsyndikate entdeckt, wie lukrativ wundervolle Strände und großartige Sonnenuntergänge sein können, und kein einziges Fischerboot ist noch zu sehen. Jetzt verdienen die Leute ihren Lebensunterhalt, indem sie junge Touristen aufnehmen, die sich durchschlagen wollen, oder indem sie die älteren Herrschaften versorgen, die in angenehmer Atmosphäre frischen Hummer zu speisen wünschen.«[5] Auch diese Geschichte läßt sich rund um die Welt erzählen. Auch ich bin nach Tunesien geflogen, um wenigstens drei Wochen der stinkenden Luft im Rhein-Main-Gebiet zu entgehen. Aber man durfte sich in Tunesien nicht weit vom Touristenstrand entfernen, um auch dort in den unerträglichen Gestank einer chemischen Fabrik zu geraten.

Schöpfung ist in der Bundesrepublik auf einmal ein Modewort. Sogar im Munde von Macht-Politikern habe ich es schon gehört. Die Bibel sagt, daß Gott die Schöpfung gut gemacht hatte. Der heutige Zustand der Schöpfung ist kurz zu beschreiben: die Agonie ist überall sichtbar, die Erde wird immer mehr vergiftet, immer mehr Wälder sterben, immer weniger sauberes Wasser gibt es. Alle wissen, was die Ursa-

4 M. Katoppo, Compassionate and Free. An Asian woman's theology, World Council of Churches 1979, 27.
5 A.a.O. (s. Anm. 4).

che ist: die industrielle Produktion, mit der Geld zu verdienen ist mit Waren, die niemand braucht, allem voran Waffen. Alle kennen die Ursache, aber niemand glaubt ernsthaft, daß durch Regierungen diese Talfahrt der Schöpfung beendet werden wird. Sie wird entweder in der Katastrophe enden, die schon überall sichtbar wird, oder? Ich brauche hier kein Lösungsrezept vorzuschlagen, alle kennen das Rezept: Widerstand von unten, Widerstand von unten. Aber haben wir die Überzeugung, daß das Rezept auch hilft?
Jeden Tag komme ich allein oder in Gesprächen an diesen toten Punkt. Ich liebe die Bibel, aber dieser optimistische Schöpfungsbericht an ihrem Anfang fällt mir sehr schwer. Er macht mich so sehnsüchtig nach kristallklarem Wasser, nach blauem Himmel, nach sauberem Sand, nach Fischerbooten. Die Menschen in der Deportation in Babylon lebten unter harten Bedingungen, als sie sich zuerst diese Geschichte erzählt haben. Ihre Wirklichkeit war Armut im fremden Land, ihre Arbeitskraft und ihre handwerklichen Fähigkeiten wurden ausgenutzt, ihre Leiber waren überarbeitet und ihre Seelen waren traurig. Sie waren auf unabsehbare Zeit Vasallen im fremden Land, ihre Heimat war verloren. Sie waren soviel wert wie ihre Arbeitskraft. In ihrer Sehnsucht nach der Heimat haben sie sich diese Geschichte erzählt von der wunderbaren Schöpfung, von ihrem Gott, von dem, was sie hatten und niemand ihnen wegnehmen und ausbeuten konnte. Diese Schöpfung war da, jeden Tag sichtbar. Die Wahrnehmung der Schönheit und die Hoffnung wuchs in der Bedrohung. Diese Schöpfung ist auch heute noch da, beschädigt und bedroht, aber noch können wir sie erkennen.
»Und Gott sprach: Es werde eine Feste zwischen den Wassern, und die sei ein Unterschied zwischen den Wassern. Da machte Gott die Feste und schied das Wasser unter der Feste von dem Wasser über der Feste. Und es geschah also. Und Gott nannte die Feste Himmel. Da ward aus Abend und Morgen der andere Tag.« Der König-Handwerker spricht sein mächtiges Wort und baut den Himmel als Trennwand zwischen das Meer unten und das Meer oben. Der Text benutzt absichtlich die Poesie der Wiederholungen. Seine Sprache und seine Poesie drücken das aus, was er über Gott sagen will. Gott schafft

eine gute, klare, verläßliche Ordnung. Im ruhigen Atem seiner Souveränität folgt der zweite Schöpfungstag dem ersten. Ich lese jetzt den restlichen Schöpfungsbericht, damit seine Wiederholungspoesie und das Gerüst, das die Welt zusammenhält, wie er erzählen will, sichtbar werden. Alle Herrlichkeiten, die die Schöpfung ausmachen, können wir noch sehen, auch wenn wir Angst haben vor der Zukunft der Schöpfung und der Menschen. Wir lesen in der Lutherübersetzung. *»Und Gott sprach: Es sammle sich das Wasser unter dem Himmel an besondere Örter, daß man das Trockene sehe. Und es geschah also. Und Gott nannte das Trockene Erde, und die Sammlung der Wasser nannte er Meer. Und Gott sah, daß es gut war. Und Gott sprach: Es lasse die Erde aufgehen Gras und Kraut, das sich besame, und fruchtbare Bäume, da ein jeglicher nach seiner Art Frucht trage und habe seinen eigenen Samen bei sich selbst auf Erden. Und es geschah also. Und die Erde ließ aufgehen Gras und Kraut, das sich besamte, ein jegliches nach seiner Art, und Bäume, die da Frucht trugen und ihren eigenen Samen bei sich selbst hatten, ein jeglicher nach seiner Art. Und Gott sah, daß es gut war. Da ward aus Abend und Morgen der dritte Tag. Und Gott sprach: Es werden Lichter an der Feste des Himmels, die da scheiden Tag und Nacht und geben Zeichen, Zeiten, Tage und Jahre und seien Lichter an der Feste des Himmels, daß sie scheinen auf Erden. Und es geschah also. Und Gott machte zwei große Lichter: ein großes Licht, das den Tag regiere, und ein kleines Licht, das die Nacht regiere, dazu auch Sterne. Und Gott setzte sie an die Feste des Himmels, daß sie schienen auf die Erde und den Tag und die Nacht regierten und schieden Licht und Finsternis. Und Gott sah, daß es gut war. Da ward aus Abend und Morgen der vierte Tag. Und Gott sprach: Es errege sich das Wasser mit webenden und lebendigen Tieren, und Gevögel fliege auf Erden unter der Feste des Himmels. Und Gott schuf große Walfische und allerlei Getier, das da lebt und webt, davon das Wasser sich erregte, ein jegliches nach seiner Art, und allerlei gefiedertes Gevögel, ein jegliches nach seiner Art. Und Gott sah, daß es gut war. Und Gott segnete sie und sprach: Seid fruchtbar und mehret euch und erfüllet das Wasser im Meer; und das Gefieder mehre sich* *auf Erden. Da ward aus Abend und Morgen der fünfte Tag. Und Gott sprach: Die Erde bringe hervor lebendige Tiere, ein jegliches nach seiner Art: Vieh, Gewürm und Tiere auf Erden, ein jegliches nach seiner Art. Und es geschah also. Und Gott machte die Tiere auf Erden, ein jegliches nach seiner Art, und das Vieh nach seiner Art, und allerlei Gewürm auf Erden nach seiner Art. Und Gott sah, daß es gut war.«*

Und Gott sah, daß es gut war. Er begutachtete das Werk seiner Hände wie ein Handwerker. Der Reichtum der Schöpfung tröstet die Armen in der Fremde, in Babylon. Sie erzählen sich von ihrem Gott, von seiner Königsmacht, Leben durch ein Wort zu schaffen, und seiner Handwerkskunst, die diese Vielfalt an Tieren erschaffen hat. Es sind Bewunderung, Begeisterung und Zutrauen zu diesem Gott, die aus dem Text sprechen. Die Menschen wußten auch von der Zerstörung. Die Deportation, die Zerstörung Jerusalems – das ist dieselbe Menschenhandschrift damals wie heute. Aber auch trotz der Trümmer in der Heimat und des Elends in der Fremde loben diese Menschen Gott für den Reichtum der Schöpfung.

Es gibt ein jüdisches Sabbatgebet, das vielleicht auch schon die ersten Christen, die ja Juden waren, gebetet haben, denn es gibt eine mittelalterliche jüdische Tradition, die dieses Gebet Petrus zuschreibt.[6] In diesem Gebet verschmelzen die Beter und Beterinnen mit der Schöpfung im Gotteslob. Ich muß mir jetzt klarmachen, wieviel Juden im Ghetto unter Verzweiflung so gebetet haben, wieviel jüdische Männer und Frauen dieses Gebet in ihren Herzen hatten, als sie in deutschen Lastwagen, von deutschen Männern und Frauen mit Unkrautvernichtungsmitteln ermordet wurden. In diesem Gebet heißt es:

»Gott schläft und schlummert nicht: er erweckt die Schlafenden, er rührt auf die Ohnmächtigen, macht sprechen die Stummen und frei die Gefangenen. ... Dir, dir allein gilt unser Lob. Wäre Gesanges voll unser Mund wie das Meer, voller Jubel unsere Zunge wie das Rauschen seiner Wellen, voller Rühmen unsere Lippen wie das weite Firmament, voller

6 P. N. Levinson, Einführung in die rabbinische Theologie, Darmstadt 1982, 57.

Leuchten unsere Augen wie die Sonne, wie der Mond, unsere Hände ausgespannt wie die Adler des Himmels und wären unsere Füße selbst leicht wie Gazellen: Es würde uns nicht ausreichen, um dich zu rühmen. Gott, unser Gott. ... und deinen Namen zu preisen für ein Mal von den Tausenden und den aber Tausenden Myriaden Malen, da du Gutes getan hast.«[7]

Preisen wir Gottes gute Schöpfung und seine Gerechtigkeit auch jetzt, da wir wissen, was Menschen mit dem Wasser, der Luft, den Tieren und den Bäumen angerichtet haben! Gott hat uns bis heute am Leben erhalten, er gibt uns Augen, die ganze Herrlichkeit der Schöpfung zu sehen, er gibt uns Gefühle, daß wir singen vor Begeisterung über die Schönheit der Schöpfung auch jetzt, er gibt uns ein Herz, das sich auflehnt gegen die Ungerechtigkeit und die Ausbeutung.

II

Gottes Ebenbilder

»Und Gott sprach: Lasset uns Menschen machen, ein Bild, das uns gleich sei, die da herrschen über die Fische im Meer und über die Vögel unter dem Himmel und über das Vieh und über die ganze Erde und über alles Gewürm, das auf Erden kriecht. Und Gott schuf den Menschen ihm zum Bilde, zum Bilde Gottes schuf er ihn; und er schuf sie einen Mann und ein Weib. Und Gott segnete sie und sprach zu ihnen: Seid fruchtbar und mehret euch und füllet die Erde und machet sie euch untertan ...«

Was die westliche Industriegesellschaft aus diesem Text gemacht hat, ist evident: Das Konzept der Eroberung und Unterwerfung der Schöpfung und anderer Menschen. Die Tiere, die fremden Völker sind zur Jagd freigegeben, wenn der kapitalistische Herrenmensch kommt. Alle Rohstoffe, die Erde, die Tiere, die Menschen sind Objekte seiner sogenannten Marktwirtschaft, seines Raubtierzugriffes. Nein, die Raub-

7 L. Hirsch, Jüdische Glaubenswelt, Basel 1978, 94.

tiere sind harmlos. Die Herrenmenschen nicht. Krokodile oder Löwen sind harmlos, der homo sapiens nicht. Er ist gefräßig, verlogen und erfüllt mit unendlicher Gier. Ganze Völker werden ermordet um eines kleinen Machtvorteils willen. Zwei jüdische Gelehrtenschulen (Hillels und Schammais) zur Zeit Jesu haben zweiundeinhalb Jahre lang über die Frage gestritten, ob es besser gewesen wäre, wenn der Mensch nie erschaffen worden wäre. Am Ende stimmten sie darin überein, daß es besser gewesen wäre, den Menschen nie zu erschaffen. Da er aber erschaffen wurde, sollte er seine früheren Taten erforschen und seine zukünftigen Taten bedenken (b Erubin 13b).[8] Die richtige Art, mit dem Bericht von der Menschenschöpfung umzugehen, ist also – wie wir von diesen alten jüdischen Gelehrten lernen können – nur so zu finden, daß wir unsere Lebenspraxis, unseren Alltag, gestalten. *Wir können als Herrenmenschen leben oder als Ebenbilder Gottes.* Dieser Schöpfungsbericht sagt, daß Gott König über die Schöpfung ist, und er sagt, die Menschen seien Königskinder und sie könnten Anteil haben an der Schöpfung, die Gott gehört. Die Menschenherrschaft über die Schöpfung ist nicht als Unterjochung oder Ausbeutung gemeint. Vielmehr sollen die Früchte der Erde die Menschen ernähren, die Erde soll von Menschen bewohnt sein, ein Ort des Wachsens, der Fruchtbarkeit, ein Ort des Lebens. Auf dieser Erde sind die Menschen vor Gott als Ebenbilder Gottes geschaffen. Juden in der Deportation in Babylon haben so über sich und ihren Gott gesprochen: Wir sind als Ebenbilder Gottes geschaffen. Der ganze Schöpfungsbericht ist eigentlich nichts anderes als ein Nachdenken über die Beziehung zwischen Gott und dem Menschen. Die Sonne, der Mond, Tag und Nacht, Tiere und Bäume – alles ist Wohnort des Menschen, wunderbar eingerichtet für die Königskinder. So sprechen Menschen, die Könige vor Augen haben wie Nebukadnezar, der Jerusalem dem Erdboden gleichmachte und den Tempel zerstörte. Die Gefangenen loben Gott.

Der Widerspruch zwischen der Mordlust und Machtgier der Menschen und ihrer Erschaffung als Ebenbilder Gottes hat in

8 Vgl. auch A. Hertzberg, Der Judaismus, Genf 1973, 257.

der Geschichte der christlichen Kirche dazu geführt, daß man diese Menschenschöpfung relativiert hat. Man hat gesagt (schon seit Irenäus[9], also dem 2. Jahrhundert nChr.): durch die Sünde habe der Mensch einen Teil seiner Ebenbildlichkeit verloren (die ὁμοίωσις/similitudo/d^{e}mût), die εἰκών/imago/ ṣælæm jedoch habe er behalten. Ein Rest der Gottebenbildlichkeit sei übrig geblieben, wenn auch korrumpiert. Oder man sagt, durch den Glauben an Christus werde die wahre Gottebenbildlichkeit, die verloren war, wiederhergestellt. Alle diese christlichen dogmatischen Konstruktionen haben das Ziel, eine Chronik der Heilsgeschichte zu schreiben: Urstand/Sündenfall/Christus/neue Schöpfung. Sie denken chronologisch und begrifflich, und heraus kommt ein Bild vom Menschen, das ihn ohnmächtig und ohne Würde und handlungsunfähig zeigt. Die biblische Tradition – und zwar die Schrift des Volkes Israel wie das Neue Testament – denkt ganz anders: sie denkt von der Beziehung der Menschen jeweils an ihrem Ort zu Gott her und sie denkt diese Beziehung als ein praktisches Geschehen. Wenn ich von der Geschichte der Menschen her denke, kann ich nur wie die Gelehrtenschulen Hillels und Schammais zu dem Schluß kommen, es wäre besser gewesen, Gott hätte uns Menschen weggelassen, als er die Schöpfung machte. Aber, so sagen sie mit ihrem lapidaren Schluß, wir sollen uns nicht Gottes Kopf zerbrechen, sondern unseren eigenen Kopf über die Frage, was wir getan haben und was wir tun werden. Und das heißt, die Frage kann nicht lauten, inwiefern wir möglicherweise doch noch ein kleines bißchen Gottes Ebenbilder sind oder werden können, sondern ganz schlicht, ob wir als Ebenbilder Gottes leben oder nicht. Ich möchte ein paar Geschichten erzählen aus der jüdischen und christlichen Tradition, die uns helfen können, als Ebenbilder Gottes zu leben.
In der Bergpredigt Jesu heißt es: »Sorget nicht für euer Leben, was ihr essen oder trinken sollt, und nicht für euren Leib, was ihr anziehen sollt ... Seht die Vögel des Himmels, sie säen nicht, sie ernten nicht, sie bringen nichts in Scheunen.

9 Dazu s. P. Schwanz, Imago Dei als christologisch-anthropologisches Problem in der Geschichte der Alten Kirche von Paulus bis Clemens von Alexandrien, Halle 1970, 117ff.

Unser himmlischer Vater ernährt sie. Unterscheidet ihr euch nicht viel von ihnen? ... Und warum sorgt ihr euch um Kleidung. Beobachtet die Lilien auf dem Felde, wie sie wachsen. Sie plagen sich nicht und nähen nicht. Ich sage euch, auch Salomo in all seiner Pracht war nicht gekleidet wie eine von ihnen. Wenn Gott aber das Feldkraut, das heute ist und morgen in den Ofen geworfen wird, so kleidet, um wieviel mehr euch, ihr Kleingläubigen ...« (Mt 6,25–34 par).

Ihr seid Gottes Ebenbilder, Gott versorgt die Pflanzen und die Tiere, Gott wird auch euch versorgen. Um wieviel mehr – der Schluß a minore ad maius, vom Geringeren auf das Größere, setzt unsere Schöpfungsgeschichte voraus. Die verarmten Jüdinnen und Juden zur Zeit Jesu wurden von der Sorge um ihr Überleben geknechtet. Der Hunger hat eine zerstörerische Macht. Die Anhänger und Anhängerinnen Jesu haben versucht, die Macht zu bekämpfen, indem sie ihr Essen teilten und sich gegenseitig Mut machten, Gott zu vertrauen, der die Lilien auf dem Feld prächtiger kleidet, als die Könige es mit ihrem Purpur schaffen. Auch die reichen Christen und Christinnen in den Industrieländern dürfen auf sich selbst diesen Text der Bergpredigt beziehen: Sorget nicht für Euer Leben, trachtet zuerst nach der Königsherrschaft Gottes. Laßt Euch nicht unterjochen von der Macht der Sorge und Begierde, der Gier nach Geld, Macht und Rohstoffen. Gott versorgt die Lilien auf dem Feld, um wieviel mehr uns, seine Ebenbilder. Das Selbstbewußtsein und das Gottvertrauen, die uns als Gottes Ebenbildern zuwachsen, befreien uns von dem Zwang, die Größten sein zu wollen. Dieser Zwang zerstört die Lilien auf dem Felde.

Es gibt eine rabbinische Geschichte, die auf Grund des Schöpfungsberichtes bedenkt, was man sagen kann, wenn Gottes Ebenbilder anmaßend werden.

»Warum wurde der Mensch am sechsten Tag (nach der Erschaffung aller anderen Geschöpfe) erschaffen? Damit man ihm, sollte er anmaßend werden, sagen kann: ›Die Stechmücke wurde vor dir erschaffen‹ « (bSanh 38a).[10] Die Stechmücke und die Lilien sind vor uns erschaffen worden, wir le-

10 Vgl. auch Hertzberg a.a.O. (s. Anm. 8), 250.

ben als Ebenbilder Gottes, wenn wir von den Stechmücken unsere Befreiung von der Gier und Sorge ableiten, nicht aber unser kapitalistisches Herrenmenschenwesen.

Der schon erwähnte Hillel, ein jüdischer Lehrer und Zeitgenosse Jesu, hat ein Gleichnis über die Gottebenbildlichkeit erzählt, von dem wir noch eine andere Seite des Gottvertrauens kennenlernen, das aus der Gottebenbildlichkeit kommt. Hillel der Alte verabschiedete sich von seinen Schülern nach Schluß des Lehrvortrages und ging noch ein paar Schritte zusammen mit ihnen. Da fragten ihn seine Schüler: Rabbi, wohin gehst du? Da sagte er zu ihnen: um ein Gebot zu tun. Da sagten sie zu ihm: und was ist denn das für ein Gebot? Da sagte er zu ihnen: zu baden im Badehause. Da sagten sie zu ihm: und ist das denn ein Gebot? Da sagte er zu ihnen: ja; denn wenn schon das Bild der Könige, das man in den Theatern und Zirkussen aufstellt, von den kaiserlichen Beamten geputzt und gewaschen wird, ja sogar solche Beamten sich vornehm gerieren mit den Vornehmen des römischen Kaiserreiches! Ich, der ich geschaffen bin, in Bild und Gleichnis, denn es steht geschrieben, ›im Bilde Gottes machte Gott den Menschen‹ – um wieviel mehr![11]

Die Kaiserstatuen in den Theatern und Zirkussen werden geputzt und gepflegt, sie sind nur Bilder des Kaisers in Rom. Ich bin Gottes Ebenbild, wie muß ich erst geputzt und gepflegt werden! Das Selbstbewußtsein der Ebenbilder Gottes befähigt sie, den Kaiserstandbildern den richtigen Platz zuzuweisen. Die Kaiserstandbilder wurden im römischen Reich nicht nur gewaschen, sie wurden angebetet, sie waren die Statthalter des Kaisers in der Provinz, sie repräsentierten seine gegenwärtige Macht und seinen Herrschaftsanspruch. Ich bin aber *Gottes* Standbild, Gottes Statthalter oder Statthalterin auf dieser Erde. Das Kaiserstandbild ist ein Nichts gegen mich, das Gotteskind. Das abendliche Bad Hillels wurde zur Demonstration von Menschenwürde und politischer Analyse. Es sind die unnachahmlich konkreten Geschichten Jesu oder Hillels, von denen wir lernen können, mit unserer Gottebenbildlichkeit praktisch umzugehen.

11 Lev. r. Par 34,3; vgl. z. B. P. Fiebig, Die Gleichnisreden Jesu, Tübingen 1912, 7f.

Einige jüdische Gelehrte haben gesagt, die Gottebenbildlichkeit sei ein größerer allgemeiner Grundsatz in der Thora als das Nächstenliebegebot[12], und so wurde dann auch argumentiert von Juden und Christen. »Du sollst nicht sagen: Weil ich verachtet worden bin, darum soll auch mein Nächster mit mir verachtet werden ... Wenn du also tust, wisse, wen du verachtest, nämlich den, den Gott nach seinem Bilde geschaffen hat« (GenR 24 [16b]; vgl. Jak 3,9).

Leben wir als Ebenbilder Gottes oder leben wir als Herrenmenschen? In diese praktische Frage mündet die Schöpfungsgeschichte.[13] Sie ist nicht außer Kraft gesetzt durch die urchristliche Analyse der Welt, nach der die Sünde und der Tod die Welt beherrschen. Der Weg der Nachahmung Gottes ist nicht versperrt. Gott hat den Menschen zugetraut, ihn nachzuahmen: »Gott schuf den Menschen ihm zum Bilde, zum Bilde Gottes schuf er ihn«. Wir sind von Gott begabt mit der Kraft der Gerechtigkeit und dem Herzen, das lieben kann. Die Sünde kann Gottes Gaben nicht zerstören. Die ersten Christinnen und Christen haben gesagt: Gott hat die Macht des Todes durch Christi Auferstehung gebrochen. Er ist sich treu geblieben, er hat uns erneut mit der Gabe beschenkt, als Ebenbilder Gottes zu leben.[14]

Es ist also eine praktische Frage, wie wir als Ebenbilder Gottes leben, wie wir Gott nachahmen. Heute wird unter uns Christen zu Recht viel über den neuen Lebensstil nachgedacht. Zum Leben von Hausfrauen und Hausmännern gehört es, sich über das Gift in Gebrauchsgegenständen und Le-

12 Materialsammlung Billerbeck I, 358f.

13 »Man kann kein anderes Bild des Allerhöchsten anfertigen als nur dies eine: unser eigenes Leben als Abbild seines Willens. Der Mensch, nach Seinem Bilde geschaffen, ist dazu bestimmt, Seine Wege des Erbarmens nachzuahmen. Er hat dem Menschen die Macht delegiert, an Seiner Statt zu handeln. Wir sind Seine Stellvertreter, wenn wir Leiden lindern und Freude bringen.« A. J. Heschel, Gott sucht den Menschen. Eine Philosophie des Judentums, Neukirchen 1980, 225. Dies ist die adäquateste Nachzeichnung des Gedankens von Gen 1,26f, die ich in der theologischen Literatur gefunden habe.

14 Die paulinische Vorstellung von der Sünde bedeutet nicht, daß er meint, die schöpfungsgemäße Ebenbildlichkeit sei verloren, vgl. P. Schwanz a.a.O. (s. Anm. 9); anders J. Jervell, Imago Dei. Gen 1,26f im Spätjudentum, in der Gnosis und in den paulinischen Briefen, Göttingen 1960.

bensmitteln zu informieren. Verantwortliche Hausfrauen und Hausmänner kaufen möglichst umweltschonende Waschmittel, immer mehr versuchen wir, den Gebrauch von Plastik und Autos einzuschränken. Dieser Weg ist sicher richtig, aber er entlastet uns kaum von dem Problem. Wir versuchen, viel Obst und Gemüse zu essen, es wird importiert aus Ländern, wo Monokulturen für den Bedarf der Industrieländer den Erdboden auf Dauer unfruchtbar machen und den Menschen das Land für die eigene Ernährung fehlt. Wenn einige von ihnen zu uns flüchten vor politischer oder wirtschaftlicher Not, dann quälen wir sie mit unserer Arroganz und Bürokratie und schieben sie nach Möglichkeit ab. Der neue Lebensstil ist ein Faß ohne Boden. In unseren Küchen und Wohnungen ist die Ungerechtigkeit nicht ausreichend zu bekämpfen. Ich bleibe ein kolonialer Herrenmensch, auch wenn ich noch so verantwortlich lebe. Aber das soll nicht heißen, daß wir jetzt wieder hemmungslos Plastikgeschirr und Wegwerfflaschen in den Müll befördern.
Leben wir als Herrenmenschen oder als Ebenbilder Gottes? Es ist eine praktische Frage, vor die uns der Schöpfungsbericht stellt. Ich glaube, daß es zwei Orientierungen gibt, die uns hier bei der Gestaltung unseres Lebens helfen können: es ist das Hören auf die Stimmen der Opfer, der Betroffenen, und es ist der deutliche Widerspruch gegen die Machenschaften der Industrie und der ihr zugehörenden Entscheidungsträger. Ich beginne mit dem zweiten Punkt. Unsere christliche Blauäugigkeit, die immer dem anderen die besten Absichten zutraut und für alles offen sein will, ist fast verbrecherisch geworden. Wir werden z. B. in der Frage der Auswirkung der Atomkraftwerke auf Menschen und Tiere von den Betreibern der Kraftwerke belogen. Das läßt sich immer dann erkennen, wenn jemand öffentlichkeitswirksam die Wahrheit sagt, s. den Konflikt im Frühjahr 1987 um die Fernsehsendung Report. Unsere Kirche vertritt – jedenfalls in ihren maßgeblichen Repräsentanten – den Standpunkt, gesprächsfähig für die Industrie bleiben zu wollen. Im Zusammenhang mit der Kontokündigung des DEKT gegenüber der Deutschen Bank wegen der Südafrikapolitik der Bank sind wieder alle Argumente vorgekommen. Glücklicherweise ist diesmal – das er-

ste Mal – die richtige Entscheidung von einem Leitungsgremium gefällt worden. Diese Entscheidung ist ein Musterfall, weitere Entscheidungen müssen folgen, z. B. gegen die Atomkraftwerke oder für eine Asylpraxis der Kirche, in der die Kirche ein unantastbarer und rechtsfreier Raum für *alle* Flüchtlinge ist.

Diese Entscheidungen werden uns allen wehtun, wenn wir um sie kämpfen, ebenso dann, wenn sie fallen. Die Industrie ist sehr viel mächtiger als die paar Christen. Wir brauchen uns auch nicht mehr belügen zu lassen mit den Scheinargumenten: die Kirche werde Mitglieder verlieren und unsere Entscheidungen würden Arbeitsplätze vernichten. Eine gerechtere und umweltschonendere Gesellschaft ist denkbar und erreichbar.

Die zweite Orientierung ist die an der Stimme der Opfer, der Betroffenen. Das fängt bei ganz alltäglichen Situationen an. Wer einem Schüler eine schlechte Note gibt, muß sich seine Gegenargumente anhören. Die Kirchenleitungen sollten nicht über Feministische Theologie Urteile abgeben, sondern mit den Frauen in den Frauengruppen reden. Wir sollten nicht gehässig von »Asylanten« reden, sondern mit den Flüchtlingen, spätestens dann werden uns unsere ängstlichen und egoistischen Vorurteile vergehen.

Es ist gar nicht so aussichtslos, als Ebenbilder Gottes zu leben. Es ist möglich, Gott nachzuahmen, seine Gerechtigkeit und seine Liebe in unser Leben hineinzunehmen.

III

Frauen und Männer

»Männlich und weiblich schuf er sie«, sagt der erste Schöpfungsbericht. Und Gott segnete das erste Menschenpaar: »Seid fruchtbar und mehret euch«. In der Deportation der Juden in Babylon waren viele Kinder eine Befreiungsperspektive. Immer wenn das Volk Gottes unterdrückt war, empfand es die Fruchtbarkeit als besonderen Gottessegen. Männer und Frauen sind in diesem Schöpfungsbericht in gleicher Weise Ebenbilder Gottes. Aber in der Auslegungsgeschichte dieses Textes ist mancher frauenfeindliche Unfug mit diesem Text angestellt worden, leider auch von Paulus. Er argumentierte mit diesem Text für die Herrschaft der Männer über die Frauen: Nur der Mann sei das Bild Gottes; die Frau sei nicht direkt auf Gott bezogen, sondern auf den Mann.[15] Für uns Frauen ist eine andere Auslegungsweise auch nicht besonders tröstlich: Mann und Frau seien zusammen in ihrer Bezogenheit aufeinander gottebenbildlich.[16] Diese Deutung heißt, daß die patriarchale Ehe mit ihrer faktischen Ungleichheit festgeschrieben wird, auch wenn das so nicht gesagt und gedacht wird. Und was ist bei dieser Deutung mit den vielen alleinstehenden Frauen und Männern? Eine dritte frauenfeindliche Auslegungstradition entsteht durch die Kombination beider Schöpfungsberichte und die Umdeutung des »Sündenfalls«. Nach ihr ist die Ebenbildlichkeit der durch den sogenannten Sündenfall verspielte Urstand. Der »Sündenfall« dabei ist primär Evas Schuld, und ihre Unterwerfung unter Mann und Schmerzen gilt dabei als Schöpfungs*ordnung*. Doch ist nach Meinung des Textes das Elend der Männer und Frauen (Gen 3,16–19) in Gottes Augen Unordnung, schlechte Realität, gegen die der eigentliche Schöpferwille Gottes steht, der Mann und Frau in Gleichheit und Gerechtigkeit zusammenbringt (Gen 2,4b–25).[17]

15 1Kor 11,7; Paulus nimmt hier innerhalb der jüdischen Diskussion eine frauenfeindliche Extremposition ein, die es zwar auch unter jüdischen Gelehrten gab, aber bei ihnen gerade *nicht* die Regel war; zu dieser Frage s. das Material bei Jervell a.a.O. (s. Anm. 14), 110–112, der aber die jüdische Diskussionslage ohne Begründung unzutreffend bewertet; leider schließt sich M. Küchler, Schweigen, Schmuck und Schleier, Göttingen 1986, 85 Anm. 38, an Jervell an.

16 K. Barth, Die kirchliche Dogmatik III 1 Die Lehre von der Schöpfung, 9. Kapitel: Das Werk der Schöpfung, Zürich ^{2}1947, 218ff.

17 F. Crüsemann, ». . . er aber soll dein Herr sein« (Genesis 3,16). Die Frau in der patriarchalischen Welt des Alten Testaments, in: F. Crüsemann u. H. Thyen, Als Mann und Frau geschaffen, Gelnhausen/Berlin 1978, 64–68. Ein Beispiel für eine frauenfeindliche Interpretation von Gen 3,16–19: C. F. Keil, Genesis und Exodus, Gießen/Basel 1983 (Nachdruck einer Ausgabe von 1878), 75: »Außerdem hat das Weib ihr gottgeordnetes Verhältnis zum Manne überschritten; sie hat sich nicht nur vom Manne emancipiert, um der Schlange zu gehorchen, sondern dazu noch den Mann zur Sünde verleitet. Dafür wird sie mit t^{e}šûqā, einem an Krankhaftigkeit grenzenden Verlangen nach dem Manne . . . und mit Unterwürfigkeit unter den Mann gestraft«.

Es war mir wichtig, diese frauenfeindlichen Auslegungstraditionen zu benennen und auf die Bedeutung einer feministischen Perspektive hinzuweisen.
Die Frauen sind nicht die einzigen Opfer des Herrenmenschentums, aber sie sind *auch* seine Opfer. Deshalb ist es notwendig, die Frauenperspektive zu adoptieren, ob man nun als Frau oder als Mann über Gott nachdenkt. Und es ist wichtig, die Opfer nicht gegeneinander auszuspielen, z. B. so, daß man sagt, die Auseinandersetzung mit der Not der Flüchtlinge sei keine feministische Frage. Sie ist eine zentrale feministische Frage und nicht nur, weil auch Frauen das Flüchtlingsschicksal erleiden und dabei noch einmal verschärfte Leidenslast tragen müssen, als Frauen und als Flüchtlinge. Feministische Fragen kommen aus einer Vision. Diese Vision ist die der Gerechtigkeit unter Menschen, zwischen Schwarzen und Weißen soll Gerechtigkeit herrschen, zwischen Männern und Frauen soll Gerechtigkeit herrschen. Alle Menschen sind in gleicher Weise Gottes Ebenbilder. Armut und Reichtum soll es nicht mehr geben. Auch die Beendigung des Rassismus und der Klassenunterdrückung ist eine feministische Vision.
Der Psalm 133 ist von Zephanja Kameeta, einem südafrikanischen Befreiungskämpfer, nachgedichtet worden. Er lautet so:

PSALM 133
Siehe, wie fein und lieblich ist es, geheilt zu sein
von der zerstörerischen Krankheit des Rassismus
und der Trennung
und als Gottes Volk in Harmonie zusammen zu leben.
Der Geist Gottes wird die Herzen und Gedanken
aller Menschen erfüllen.
Niemand wird mehr nach seiner Rasse und Hautfarbe
beurteilt werden,
sondern alle werden in Gerechtigkeit und Recht regiert werden.
Der Krieg wird beendet sein,
und das ganze Volk wird zusammen das Land wieder aufbauen.
Von Hautfarbe wird niemand mehr sprechen,
denn alle werden als Kinder Gottes gelten,

die er nach seinem Bilde geschaffen hat.
Und das wird der Beginn dessen sein,
was der Herr verheißen hat:
Leben ohne Ende.[18]

*

Unsere Flüsse sind vergiftet
unsere Wälder sterben
die Krebsrate bei unseren Kindern vervielfacht sich

Wir sind Ebenbilder Gottes

Unsere Geschichte ist vergiftet
wir haben das jüdische Volk bei uns mit Unkrautvernichtungsmitteln ermordet
unsere Politik und Wirtschaft sind vergiftet
wir beuten noch immer wie Kolonialherren die 3. Welt aus

Wir sind Ebenbilder Gottes

Unsere Herzen sind vergiftet
wir fühlen uns kulturell immer noch anderen Völkern überlegen
wir verdrängen das Fremde: die Flüchtlinge und unsere Kritiker

Wir sind Ebenbilder Gottes

Gott hat uns geschaffen, damit wir vor seinen Augen leben
Er hat uns so schön gemacht, fast so schön wie Engel
Er hat uns so klug gemacht, fast so klug wie Engel
Wir sind fähig, Gott nachzuahmen
wir sind fähig zu lieben
wir sind fähig, Lüge zu durchschauen
wir sind fähig, gegen das Unrecht zu kämpfen

Wir sind Ebenbilder Gottes

Gott hat uns ein Herz gegeben, das mutig ist und sich gegen das Unrecht auflehnt

18 Z. Kameeta, Gott in schwarzen Gettos, Verlag der Ev.-luth. Mission Erlangen 1983, 36.

Gott hat uns Gefühle gegeben, daß wir singen vor Begeisterung über die Schönheit der Bäume
Gott hat uns Ohren gegeben, daß wir die Sprache der Vögel verstehen

Wir sind Ebenbilder Gottes

*

Aus der Hymne Nischmat kol chaj:

Wäre Gesanges voll unser Mund wie das Meer, voller Jubel unsere Zunge wie das Rauschen seiner Wellen, voller Rühmen unsere Lippen wie das weite Firmament, voller Leuchten unsere Augen wie die Sonne, wie der Mond, unsere Hände ausgespannt wie die Adler des Himmels und wären unsere Füße selbst leicht wie Gazellen: Es würde uns nicht ausreichen, um dich zu rühmen, Gott, unser Gott, unserer Väter Gott, und deinen Namen zu preisen für ein Mal von den Tausenden und aber Tausenden Myriaden Malen, da du Gutes getan hast an unseren Vätern und an uns. (Übersetzung: L. Hirsch)

נִשְׁמַת כָּל־חַי

אִלּוּ פִינוּ

מָלֵא שִׁירָה כַּיָּם וּלְשׁוֹנֵנוּ רִנָּה כַּהֲמוֹן גַּלָּיו וְשִׂפְתוֹתֵינוּ
שֶׁבַח כְּמֶרְחֲבֵי רָקִיעַ וְעֵינֵינוּ מְאִירוֹת כַּשֶּׁמֶשׁ וְכַיָּרֵחַ
וְיָדֵינוּ פְרוּשׂוֹת כְּנִשְׁרֵי שָׁמָיִם וְרַגְלֵינוּ קַלּוֹת כָּאַיָּלוֹת ·
אֵין אֲנַחְנוּ מַסְפִּיקִים לְהוֹדוֹת לְךָ יְיָ אֱלֹהֵינוּ וֵאלֹהֵי
אֲבוֹתֵינוּ וּלְבָרֵךְ אֶת־שְׁמֶךָ · עַל־אַחַת מֵאֶלֶף אֶלֶף אַלְפֵי
אֲלָפִים וְרִבֵּי רְבָבֹת פְּעָמִים הַטּוֹבֹת שֶׁעָשִׂיתָ עִם־אֲבוֹתֵינוּ
וְעִמָּנוּ:

(aus: Festtägliches Gebetbuch geordnet und übersetzt von W. Heidenheim. Gebete für das Neujahrsfest, Rödelheim: Verlag von S. Lehrberger & Comp. 1892, S. 54)

Luise Schottroff

Bibelarbeit zu Jes 42,1–9*

I

»Was ist eine Kreuzigung angesichts eines ganzen Volkes, das durch Jahrhunderte gekreuzigt wurde?«

Wir Christinnen und Christen haben eine graue Mauer zwischen uns und dem von uns so genannten Alten Testament. Es ist die Mauer, die wir durch Konzentrationslager und jahrhundertelange Judenverfolgung zwischen dem jüdischen Volk und uns aufgerichtet haben. Der Bibeltext, an dem wir uns jetzt stärken wollen, von dem wir Belebung und Ermutigung erwarten, ist das erste Lied vom Gottesknecht, Jes 42,1–9. Es tut mir leid, daß ich so traurig beginne. Aber wenn wir Christinnen und Christen uns nicht wieder über das Leiden des Judenvolkes hinwegsetzen wollen, müssen wir uns der Bitterkeit der Überlebenden des Holocaust aussetzen, ehe wir die Stimme Gottes aus der Hebräischen Bibel hören können. Vor dem Gottesknechtslied zitiere ich aus dem Buch eines amerikanischen Juden[1]: »Der leidende Gottesknecht – das ist Gottes erwähltes Volk. Das majestätische 53. Kapitel des Jesajabuches (das letzte der Gottesknechtslieder)[2] ist die Beschreibung der Martyriumsgeschichte Israels durch die Jahrhunderte. Der christliche Versuch, Israel die Würde des leidenden Gottesknechtes bei Jesaja zu rauben, ist eine der traurigsten geistlichen Veruntreuungen in der menschlichen Geschichte. Gleichzeitig hat die Methode, mit der das Christentum durch die Zeiten Israel mißhandelte, überhaupt erst bewirkt, daß Jesajas Beschreibung auf Israel paßte – immer tragischer und genauer. Generation um Gene-

*) Gehalten am Freitag, dem 19. Juni 1987, auf dem Forum »Arbeitslosigkeit und Armut« des 22. Deutschen Evangelischen Kirchentags in Frankfurt a. M.

1 E. Berkovits, Faith after the Holocaust, New York 1973, 125f.

2 Jes 42,1–4(.5–9); 49,1–6(.7–12); 50,4–9(.10f); 52,13–53,12.

ration haben Christen ihre Ungerechtigkeit und Unmenschlichkeit über das Haupt Israels ausgegossen, denn sie ›wähnten, er sei gestraft, von Gott geschlagen und geplagt‹. Zur selben Zeit mißverstanden sie die wahre metaphysische Würde des leidenden Gottesknechtes. Was ist das Gewicht eines Opfers verglichen mit den Myriaden Opfern Israels: Was ist eine Kreuzigung angesichts eines ganzen Volkes, das durch Jahrhunderte gekreuzigt wurde?«
Ich zitiere das erste Gottesknechtslied und einige Sätze aus dem Gottesknechtslied Jesaja 53. Ich sehe vor meinen Augen das Kreuz Christi, das Christen und Christinnen in diesem Text immer gesehen haben und von dem sie Leben und Hoffnungen bekommen haben. Ich höre zugleich mit meinem Herzen auf die Stimme eines Überlebenden aus unseren deutschen Konzentrationslagern: *»Siehe, das ist mein Knecht – ich erhalte ihn – und mein Auserwählter, an welchem meine Seele Wohlgefallen hat. Ich habe ihm meinen Geist gegeben; er wird das Recht unter die Heiden bringen. Er wird nicht schreien noch rufen, und seine Stimme wird man nicht hören auf den Gassen. Das zerstoßene Rohr wird er nicht zerbrechen, und den glimmenden Docht wird er nicht auslöschen. Er wird das Recht wahrhaftig halten lehren«* (Jes 42,1–3). *»Denn er schoß auf vor ihm wie ein Reis und wie eine Wurzel aus dürrem Erdreich. Er hatte keine Gestalt noch Schöne; wir sahen ihn, aber da war keine Gestalt, die uns gefallen hätte. Er war der Allerverachtetste und Unwerteste, voller Schmerzen und Krankheit. Er war so verachtet, daß man das Angesicht vor ihm verbarg; darum haben wir ihn nichts geachtet. Fürwahr, er trug unsere Krankheit und lud auf sich unsere Schmerzen. Wir aber hielten ihn für den, der geplagt und von Gott geschlagen und gemartert wäre. Aber er ist um unserer Missetaten willen verwundet und um unserer Sünden willen zerschlagen. Die Strafe liegt auf ihm, auf daß wir Frieden hätten, und durch seine Wunden sind wir geheilt«* (Jes 53,2–5).
Ich habe diese Übersetzung aus einer alten Lutherbibel genommen, aus der Traubibel meiner Schwiegereltern, getraut in der »ev. luth. Matthäusgemeinde zu Frankfurt a. M.« 1929. Frankfurt a. M. – der Ort der sehnsüchtigen Gebete meiner frommen Schwiegermutter zum gekreuzigten und

auferstandenen Christus, als die Bomben fielen und sie im Keller verschüttet wurde. Frankfurt a. M., der Ort, an dem damals, als meine Schwiegereltern heirateten, noch ein Teil der Stadtbevölkerung jüdisch war. Frankfurt a. M. Messegelände, der Ort, wo Adolf Hitler von der christlichen Bevölkerung der Stadt 1936 bejubelt wurde. »Was ist eine Kreuzigung angesichts eines ganzen Volkes, das durch Jahrhunderte gekreuzigt wurde?« Wir Christinnen und Christen können heute das Kreuz Christi nur noch vor Augen haben, wenn wir auch die anderen Kreuze sehen, die wir Christen aufgerichtet haben. Wir können uns selbst unsere Schuld nicht vergeben. Wir können auch nicht vor unserer Schuld weglaufen. Ich höre immer, es müsse nun endlich Schluß sein mit der Rede von der Schuld. Gerade Jugendliche, die vielleicht so alt sind wie mein Sohn – 24 Jahre –, beschweren sich, einer Schuld konfrontiert zu werden, die sie von ihren Großeltern geerbt haben, oder von den Großonkeln und Großtanten – also wirklich nicht aus nächster Nähe. Ich sehe für uns Christinnen und Christen nur einen Weg, mit der Geschichte des leidenden Gottesknechts Israel umzugehen: mit dieser Schuld zu leben, sie nicht zu leugnen und in unserer Gegenwart nicht wieder im Namen des gekreuzigten Christus Kreuze aufzurichten. – Denn das geschieht auch heute.
Ich will nicht sagen: Kollektivschuld, denn das Wort ist noch zu ungenau. Auch diejenigen, die am Nationalsozialismus zwischen 1933 und 1945 nur über die Großonkel Anteil haben, können heute in ihrem jungen Leben wieder mithelfen, daß Menschen vernichtet werden wie damals die Juden. Es genügt, aus Opportunismus zu schweigen z. B. zur Verseuchung der Umwelt mit Radioaktivität, wie damals die Großonkel geschwiegen haben und ihre Pflicht erfüllt haben. Es geht nicht darum, den Holocaust zu verharmlosen, indem wir ihn zu einem Unrecht neben vielen anderen machen, sondern darum zu erkennen, daß die Traditionen des Nationalsozialismus unter uns – wenn auch unter anderen Namen – noch voll wirksam sind. Die Obrigkeitstreue sitzt uns Deutschen in Blut und Herz. Auch heute schweigen zu viele von uns Christen – auch den linken Christen –, wo wir reden müßten. Ich beobachte an mir selbst immer wieder, daß ich

endlich auch einmal die Anerkennung der Männer, die oben sind in Wissenschaft und Kirche, haben möchte. Der Obrigkeitsgehorsam der Deutschen funktioniert immer noch. Sonst wären wir nicht so reich und skrupellos mit Aufrüstung, Kernkraft und Waffenexport. Da liegt heute unsere Schuld, und sie hat Tradition.

Jesus wurde damals wie viele andere Juden von den Römern am Kreuz hingerichtet, damit Roms Herrschaft über das Judenvolk durchgesetzt werde. Jesu Kreuz war damals schon eines unter vielen. Als ich das einem meiner theologischen Lehrer gesagt habe, hat er mich angefahren: Christi Kreuz ist das Kreuz des Gottessohnes, unvergleichbar, einzig. Für mich ist Christi Kreuz eines unter vielen. Erst wenn ich dem standhalte, was wir Christinnen und Christen im Namen des gekreuzigten Christus Schreckliches getan haben und tun, wenn ich die anderen Kreuze sehe, sehe ich auch den Gottessohn, der meine Schuld wegnehmen kann. Sein verkrümmter Leichnam liegt neben den Leichen in den Massengräbern, die niemand zählen kann. Wir Christen und Christinnen graben auch heute wieder an den Massengräbern mit. Es genügt, zu schweigen und seine sogenannte Pflicht zu erfüllen, wenn die Massengräber gegraben werden.

Es ist so schwer, eine Deutsche zu sein, weil ich die deutsche Geschichte kenne. Es ist so schwer, eine Christin zu sein, weil ich die Kirchengeschichte kenne. Zwischen uns und der Bibel steht die Geschichte unserer Schuld. Aus der Bibel hören wir die Stimme Gottes, der unsere Schuld kennt und uns liebhat. Er legt uns nicht eine Pflicht auf, sondern er zeigt uns einen Weg nach vorn. Gottes Vergebung macht das Leiden der Juden in den Konzentrationslagern nicht unsichtbar, sondern sie hilft uns auf den Weg nach vorn. Es gibt einen Weg, auf dem wir aufrecht und voller Tatendrang gehen können; in Jesaja 1,17f heißt es:

»Lernet Gutes tun, trachtet nach Recht, helfet den Unterdrückten, schaffet den Waisen Recht, führet der Witwe Sache. So kommt denn und laßt uns miteinander rechten, spricht der Herr. Wenn eure Sünde gleich blutrot ist, soll sie doch schneeweiß werden; und wenn sie gleich ist wie Scharlach, soll sie doch wie Wolle werden.«

Christus, Jesus, du weißt besser als ich, wie grauenhaft der Tod ist, den Menschen anderen Menschen zufügen. Du weißt, was Folter ist, und du weißt, was Schmerzen und Todesangst mit Menschen machen. Du bist am Kreuz gestorben wie so viele andere. Auch heute wird an Kreuzen und in Folterkellern gestorben.
Christus, Jesus, Du ziehst mich aus der Verstrickung von Schuld, Obrigkeitsgehorsam und Ohnmacht. Du siehst mich freundlich an und schickst mich an die Arbeit wie meine Freundin.
Christus, Jesus, morgens, wenn ein neuer Tag beginnt, freue ich mich jedesmal, was du mir für gute Ideen vorsagst, wieviel Möglichkeiten es gibt, den Tag zu nutzen. Wir können mit unseren Nächsten zärtlich sein. Wir können singen vor Lust, wenn die Sonne scheint. Wir können widersprechen und Widerstand aufbauen, wenn Massengräber gegraben werden.

II

»Die Lieder, die nur von den Armen dieser Erde gesungen werden können.«

In den Basisgemeinden El Salvadors gibt es ein einfaches, geheftetes Gesangbuch, »canta hermano«. In der Einleitung dieses Buches steht, es gebe Lieder, »die nur von den Armen dieser Erde gesungen werden können«, nur von denjenigen, die die harte Realität auch leben, von der diese Lieder singen; nur von denjenigen, die die Tiefe der Not erleiden, in der diese Musik entstand. »Lieder, die aus dem Volk geboren werden und zu ihm zurückkehren – voll von Bedeutung.«[3]
Die harte Realität dieses Volkes heißt: eine Regierung, die das eigene Volk mit Militär unterdrückt. Wer arm ist, gilt schon als Unruhestifter oder Unruhestifterin. Das Militär kommt in die Häuser, die für verdächtig gehalten werden und erschießt die Menschen in den Betten. Das Volk ist arm, nur ein paar reiche Familien leben im Wohlstand und sind an der

3 B. Päschke, Salvadorianische Passion. Semana Santa in El Salvador, Münster 1985, 105.

Aufrechterhaltung des Unrechts mit militärischen Mitteln und Unterstützung der USA interessiert. Ab und zu gibt es Augenwischer-Erklärungen für die amerikanische Öffentlichkeit, die Wahrung der Menschenrechte sei besser geworden. In Wahrheit wird gleichzeitig weitergemordet. Die Berichterstattung in unseren Zeitungen ist uninteressiert. Wen interessiert es hier schon, wenn dort eine Katechetin erschossen wird? Außerdem ist es hier nicht opportun, von den Mordtaten der Regierungen zu reden, die von den USA aus machtpolitischen Gründen gestützt werden in El Salvador und an vielen anderen Orten unserer Welt. Es gibt »Lieder, die nur von den Armen dieser Erde gesungen werden können«. Ich lese aus einem Bericht von Bernd Päschke. »Der Priester damals, der die Karfreitagsmesse gehalten hatte, als wir zu dem zweiten Flüchtlingslager gefahren sind, der erzählt mir das: Diese Menschen da, dieses Volk, keine Gestalt noch Schöne, verstehst du, ist das nicht der Gottesknecht, weißt du, Jesaja 53? Er sagte: ›Dieses Volk hat begriffen, wie sehr es Jesus verwandt, ihm ähnlich ist. Denn ist es nicht wie er der leidende Knecht Gottes? ... Das salvadorianische Volk trägt wie der Gottesknecht die Sünde der Gesellschaft; wie der Knecht fällt es unter dem Gewicht so großer Sünde; wie der Knecht stirbt es mit einem durch Folter entstellten Gesicht; wie der Knecht stirbt es oft in der Anonymität, stumm – ohne ein Wort auszustoßen, ohne daß andere zu seiner Verteidigung aufstehen. Wie den Knecht hält man es für von Gott verflucht, sieht man es als kriminell und subversiv an. Und wie der Gottesknecht – und das ist die schwierige Gewißheit des Glaubens – bringt es die Rettung und wird selbst erhöht werden. Und das ist die große Neuigkeit des Glaubens so vieler armer Salvadorianer. Die Auferstehung Jesu hat sie ihm ähnlich gemacht, weil er unschuldig gekreuzigt stirbt, um die Armen zu retten.‹«[4]

Und wir – wir reichen Christen und Christinnen in einem kapitalistischen Industrieland – welche Lieder singen wir, wenn nur die Armen dieser Erde und die Juden das Lied vom Got-

4 Päschke a.a.O. (s. Anm. 3), 57f. In diesem Sinne werden die Gottesknechtslieder auch ausgelegt von C. Mesters, Die Botschaft des leidenden Volkes, Neukirchen-Vluyn 1982.

tesknecht singen dürfen? Wir können die Gesangbücher der Armen in El Salvador und die Bibel ehrfürchtig in unsere Hände nehmen. Wir begreifen die Bibel ebenfalls als Liederbuch der Armen dieser Erde. Darum nämlich bringt der Gottesknecht den Armen die Hoffnung auf Auferstehung. Weil er einer der Ihren ist, der Gottesknecht des Jesaja, ebenso wie Jesus. Er ist einer der Ihren, er leidet als Armer und er ersteht von den Toten mit dem Volk, das nach Gerechtigkeit hungert. Und wir, welche Lieder singen wir? Wir können die Liederbücher der Armen ehrfürchtig in unsere Hände nehmen und von diesen Liedern lernen. Wir leben nach den Gesetzen des Kapitalismus, nicht nach dem Gesetz Gottes. Wir funktionieren in diesem System der Ausbeutung wie die Marionetten. Wir benutzen die glatten Waren, die aus den Rohstoffen der Armen gemacht sind, wir essen Erdbeeren, die auf ihrem Boden gewachsen sind, wir verfüttern Soja, das sie ernähren könnte. Wir sehen die Armen nicht, nicht einmal die Armen in unseren eigenen kapitalistischen Ländern. Wo sind die Veröffentlichungen über Sozialhilfeempfänger und die, die es eigentlich wären, aber noch Hungerlöhne verdienen: mit Teilzeitarbeit, Gelegenheitsarbeit, befristeten Arbeitsverhältnissen, Frauenarbeit? Zu sehen sind nur die, die einigermaßen gesund, nicht zu alt und angemessen ausgebildet sind. Die kapitalistische Sünde des Verschweigens der Armut wird gerade unter Christen und Christinnen immer wieder eingeübt. Man läßt allenfalls das Almosendenken zu, aber nicht die notwendige Analyse der Wirtschaft und Ideologie des Kapitalismus. Die Kirchen wollen ihren Frieden mit den Vertretern des Kapitalismus. Das ist auch der Kern des Südafrikaproblems. Apartheid ist Sünde – soweit ist man sich unter Christen einig, aber die notwendige Konsequenz: Kontenkündigung bei den Banken, die die südafrikanische Regierung stützen, gelingt nicht. Naja, dem Kirchentagspräsidium ist sie unter Schmerzen gelungen, aber wir müssen jetzt weitergehen.

Christentum und Kapitalismus sind unvereinbar. Es ist nur möglich, einen Weg für die Kirche *im* Kapitalismus zu suchen, nicht einen Weg im Frieden *mit* dem Kapitalismus. Christen und Christinnen leben in Gemeinschaft. Kapitalis-

mus erzwingt die Einsamkeit. Christen und Christinnen orientieren sich an den Armen, der Kapitalismus erzwingt ihre Unsichtbarkeit. Christen und Christinnen orientieren sich am Bedürfnis der Menschen. Der Kapitalismus orientiert sich am Wachstum. Die Kirche im Kapitalismus wird an Macht, an Teilhabe an der gesellschaftlichen Macht von oben verlieren. Je weniger Kompromisse wir machen, desto kleiner und bedeutungsloser im Sinne kapitalistischer Machtausübung werden wir sein. Unsere kirchenleitenden Männer erkennen das ganz richtig, und ich respektiere sogar, daß es sie schreckt, für diesen Weg der Kirche nach unten die Verantwortung übernehmen zu müssen. Aber es wird ihnen nichts anderes übrig bleiben, weil uns sonst keine Lieder mehr über die Lippen kommen. Denn die Lieder, die wir singen können, sind die Lieder der Umkehr und der Solidarität.
Rosa Luxemburg hat sich 1905 mit dem Neuen Testament und dem Urchristentum auseinandergesetzt.[5] Sie bewunderte das Urchristentum für die sogenannte Gütergemeinschaft oder den Liebeskommunismus; also jene urchristliche Praxis, nach der die Wohlhabenden ihr Geld und ihren Acker aufgeben und mit den Armen teilen. Aber sie sagt, dieses Teilen genügt nicht, denn es verändert den Gegensatz von Reich und Arm nicht. Das Teilen schafft einen vorübergehenden Schonraum, mehr nicht. Nur die Veränderung der Machtverhältnisse, die Teilhabe aller am gesellschaftlichen Reichtum schafft Gerechtigkeit. Mich hat Rosa Luxemburgs Analyse des urchristlichen Liebeskommunismus auch deshalb so tief beeindruckt, weil ihre Kritik am Teilen auch unsere heutige christliche Diskussion in der Bundesrepublik voll trifft. Unsere Kirche propagiert das sogenannte job-sharing. Das Modell sollen junge Theologenehepaare abgeben. Ein Ehepaar teilt sich eine Stelle, Arbeit und Familie sind nicht mehr so weit getrennt. Eine trügerische Idylle ist das. Ich rede jetzt gar nicht von den negativen Folgen, die mit diesem Modell für die Frauen verbunden sind, sondern nur von der Augenwischerei. Natürlich könnte ich bequem von der Hälfte mei-

5 R. Luxemburg, Kirche und Sozialismus, in: dies., Internationalismus und Klassenkampf. Die polnischen Schriften, hg. v. J. Hentze (Sammlung Luchterhand), Neuwied – Berlin 1971, 44–77.

nes Gehaltes leben, aber wenn ich das tue, verhindere ich nicht, daß weiter in der Wirtschaft Unsummen verdient werden und Jugendliche, die schlecht ausgebildet sind, arbeitslos werden. Das Teilen kann einen begrenzten Sinn haben. Es ist z. B. sinnvoll, daß Verdienende Geld in die Friedensbewegung stecken. Aber das Teilen darf nicht eine trügerische Idylle erzeugen. Wir müssen uns in die harten politischen Auseinandersetzungen begeben. Und das heißt konkret, daß wir z. B. den gewerkschaftlichen Kampf um die 35-Stunden-Woche mittragen.
Es gibt Lieder, die nur von den Armen dieser Erde gesungen werden können. Aber wir können von ihnen lernen. Auch die Gottesknechtslieder sind von Hause aus Lieder der Armen. Unsere Lieder sind die Lieder der Solidarität, mit den Armen und miteinander. Denn wenn wir uns in den politischen Konflikt mit den Machthabern des Kapitalismus begeben, dann werden wir vereinsamt und verletzt. Diese Wunden sieht man bei uns nicht, aber allein erträgt sie niemand. Darum brauchen wir uns alle gegenseitig ganz nötig. Darum müssen wir unsere Gemeinschaft feiern: uns gegenseitig feiern mit Blumen und Liedern und Umarmungen und Küssen. Im übrigen haben eben deshalb die ersten Christinnen und Christen abends zusammen gegessen und ihr Brot geteilt: um ihre Gemeinschaft zu feiern und sich zu stärken.

III

»Sehet – welch ein Mensch!«

Die Gottesknechtlieder des (Deutero-)Jesaja stammen aus einer historischen Situation Israels, als ein Teil des Volkes in der babylonischen Gefangenschaft war und das ganze Volk ohne nationale Perspektive ein unterdrücktes, armes Volk wurde. Es war nun klar, daß ihm der Weg zu einer Großmacht und einem Königtum nach Art der Weltherrscher von Gott verwehrt wurde. Gott gab diesem Volk eine andere Perspektive: Es sollte seinen Weg erkennen im Märtyrerkönig.

Er wird dem Volk wie ein König vorgestellt: *»Siehe, das ist mein Knecht ... mein Auserwählter«* (Jes 42,1). Er ist ein König, aber ein König ohne das Poltern und Schreien der Macht, die Menschen klein macht, um sie zu beherrschen[6]: *»Er wird nicht schreien noch rufen, und seine Stimme wird man nicht hören auf den Gassen«* (Jes 42,2). Die Weltherrscher kommen mit Nationalhymnen und Mercedeskolonne durch die Gassen. Dieser König geht den Weg, den wir von Jesus ganz genau kennen. Er war einer der jüdischen Märtyrerkönige, in dem das jüdische Volk seine Leiden und seine Auferstehung verkörpert sah. Es gibt einen alten Streit zwischen Christen und Juden um die Auslegung der Gottesknechtslieder. Gelehrte Juden haben schon im 2. Jahrhundert gesagt[7]: Der Gottesknecht ist das jüdische Volk. Gelehrte Christen haben seit damals gesagt: Die Gottesknechtslieder sind eine Weissagung auf Jesus Christus, und sie haben daraus den Anspruch auf ihre Überlegenheit über Juden und andere Völker abgeleitet. Es gibt eine schlimme Tradition einer herrschaftslegitimierenden Christologie. Das Recht der jüdischen Auslegung ist die Leidensgeschichte des jüdischen Volkes. Die christliche Auslegungsgeschichte ist als Herrschaftsgeschichte *nur* im Unrecht. Wir Christen müssen heute von Juden wie Martin Buber[8] lernen, den Zusammenhang von Volk und Märty-

6 Diese Auslegung von Jes 42,2 wird dem Text gerechter als eine (antijudaistische) Deutung auf den Gegensatz zur prophetischen Scheltrede o. ä. Sie wird zudem von der ältesten uns bekannten Auslegung von Jes 42,2 in Mt 12,19f gestützt, dazu s. L. Schottroff, Das geschundene Volk und die Arbeit in der Ernte Gottes, in: L. u. W. Schottroff (Hg.), Mitarbeiter der Schöpfung, München 1983, 161.
Zur Information über die exegetische Diskussion s. z. B. O. Kaiser, der königliche Knecht, Göttingen 1962, 26.

7 Origenes, C. Cels I, 55.

8 M. Buber, Der Glaube der Propheten, Zürich 1950, 289ff, besonders 326f. Er unterscheidet drei Stadien im Weg des Ebed: das prophetische Stadium, das Tun des Leidens, das Gelingen d. h. die Befreiung der versklavten Völker. »Diese drei Stadien lassen sich nicht in das Leben einer einzelnen menschlichen Person eintragen« (327). Buber will zwar nicht auf eine kollektive Deutung hinaus, sondern auf eine mehrgestaltige Person, doch besteht ein enger Zusammenhang seiner Deutung mit der kollektiven Deutung: »Der Ebed ist das Israel, an dem sich JHWH als an seinem Getreuen verherrlicht« (330).

rerkönig zu begreifen. Er repräsentiert den Weg eines Volkes, das im Finstern wandelt. Im Matthäusevangelium wird Jesus mit dem Gottesknecht aus Jes 42 identifiziert, aber ohne jeden Einzigartigkeits- und Herrschaftsanspruch: *»Siehe, das ist mein Knecht, den ich erwählt habe, mein Geliebter, an dem meine Seele Gefallen hat. Ich werde meinen Geist auf ihn legen, und er wird den Völkern das Recht verkünden. Er wird nicht streiten und schreien, und man wird seine Stimme auf den Straßen nicht hören. Das geknickte Rohr wird er nicht zerbrechen und den glimmenden Docht nicht auslöschen, bis er das Recht zum Siege hinausführt«* (Mt 12,18–20). Das Volk, das Jesus vor Augen hatte, war wie ein geknicktes Rohr und ein glimmender Docht. Die römischen Herren holten sich die Produktion des Landes, und sie bedrohten jeden noch so winzigen Widerstand mit der Hinrichtung am Kreuz. Jesu Weg ans Kreuz war die bewußte Demonstration der Hoffnung des von Gott geliebten Volkes. Diese Hoffnung auf Gott ist das Geheimnis des Volkes, das im Finstern wandelt, sie war das Geheimnis Jesu. Sie ist unser Geheimnis. Gott will, daß das Recht zum Sieg hinausgeführt wird, und das ist uns klar, wenn wir das Angesicht des Christus Jesus in unseren Gebeten ansehen. Der Märtyrerkönig ist von den Toten auferstanden: *»So spricht Gott, [der Herr], der die Himmel schafft und ausbreitet, der die Erde macht und ihr Gewächs, der dem Volk, so darauf ist, den Odem gibt, und den Geist denen, die darauf gehen: Ich [, der Herr], Gott, habe dich gerufen in Gerechtigkeit und habe dich bei deiner Hand gefaßt und habe dich behütet und habe dich zum Bund unter das Volk gegeben, zum Licht der [Heiden] Völker, daß du sollst öffnen die Augen der Blinden und die Gefangenen aus dem Gefängnis führen, und die da sitzen in der Finsternis, aus dem Kerker ...«* (Jes 42,5–7 in einer leicht feministisch retouchierten Lutherübersetzung).

Wir Christinnen und Christen sagen heute nicht mehr, Christus sei der einzige Weg zum Heil, dem alle Völker und besonders die Juden sich zu unterwerfen hätten. Wir sagen aber aus vollem Herzen: Christus ist *unsere*, meine einzige Hoffnung. In Christus hat Gott Anteil am Weg des Volkes, das im Finstern wandelt. Unsere Verzweiflung als Christinnen und

Christen in der Bundesrepublik legen wir unserem Märtyrerkönig Jesus vor die Füße.

Wir legen die Verzweiflung über die Ungerechtigkeit vor deine Füße, Jesus. In unserer Nachbarschaft leben Menschen, die schlecht ausgebildet sind und deren Gesundheit nicht gepflegt wird. Wir legen die Verzweiflung über den Unfrieden vor deine Füße. In unserer Nachbarschaft stehen Raketen, die das Leben unschuldiger Menschen in Rußland bedrohen. Wir legen die Verzweiflung über die Lüge vor deine Füße. In unserer Nachbarschaft lügen die Betreiber von Atomkraftwerken und ihre Komplizen. Wir legen die Angst um unsere Kinder vor deine Füße, Jesus. Jesus Christus, du bist unsere Hoffnung. Wenn wir dir unser Elend vor die Füße gelegt haben, rührst du uns an und wir richten uns auf. Jesus Christus, du gibst uns Hoffnung auf Gerechtigkeit. Es ist nicht wahr, daß Unrecht herrschen wird, solange die Erde steht. Jesus Christus, du gibst uns Hoffnung auf Frieden. Es ist nicht wahr, daß der Mensch ein Menschenmörder sein wird, solange die Erde steht. Jesus Christus, du gibst uns Hoffnung auf Leben für unsere Kinder.
Wir sind ein Volk, das im Finstern wandelt, und wir sehen das große Licht. Wir sehen, daß deine Macht, Jesus, du Märtyrerkönig, größer ist als der Tod, den Menschen unter Menschen herrschen lassen. Du gibst uns Lebenskraft und Hoffnung und schickst uns auf den Weg. Im Matthäusevangelium heißt es: *»Er sah das Volk und hatte Mitleid mit ihm, denn die Menschen waren geschunden und niedergeworfen wie Schafe, die keinen Hirten haben. Da sagte er (Jesus) zu seinen Jüngerinnen und Jüngern: Die Ernte ist groß, aber die Arbeiter/innen sind wenige ... Siehe, ich sende euch wie Schafe in der Mitte von Wölfen. Seid klug wie die Schlangen und ohne Falsch wie die Tauben« (Mt 9,36f; 10,16).«* Wir sind gefährdete Schafe, aber wir haben einen Auftrag. Wir müssen für Gerechtigkeit, Frieden und Leben arbeiten, und das wird – so denken wir – immer schwerer. Wir sind gefährdete Schafe, aber wir haben einen Auftrag. Und außerdem sollten wir uns gegenseitig immer wieder daran erinnern, daß Gott auf der Seite der Schafe ist und nicht auf der Seite der Wölfe.

Luise Schottroff

Unsichtbare Arbeit*)

Ich möchte über die unsichtbare Arbeit von Frauen sprechen. Daß die Arbeit von Arbeitern unsichtbar gemacht wird, ist durch die Arbeiterbewegung aufgedeckt worden. Bert Brecht hat es klassisch formuliert:

»Wer baute das siebentorige Theben?
In den Büchern stehen die Namen von Königen.
Haben die Könige die Felsbrocken herbeigeschleppt?
Und das mehrmals zerstörte Babylon –
wer baute es so viele Male auf? . . .
Wohin gingen an dem Abend, wo die Chinesische Mauer fertig war
Die Maurer? Das große Rom
Ist voll von Triumphbögen. Wer errichtete sie? Über wen
Triumphierten die Cäsaren?«[1]

Ich kann zwar leider nicht dichten, aber ich muß das Gedicht weiterführen:
Während die Sklaven in Theben die Felsbrocken herbeischleppten, wurden ihre Töchter als Lustobjekte auf dem Sklavenmarkt verkauft.
Während die Bauarbeiter in Babylon die Paläste aufgebaut haben, haben ihre Frauen die kleinen Felder bestellt, damit es Brot für Mann und Kinder gab.
Während die Könige ihre Macht feiern ließen, lebten in ihren Harems alle schönen Töchter des Landes zum alsbaldigen sexuellen Verbrauch. Nach Gebrauch mußten sie Kleider weben und so ihren Lebensunterhalt verdienen.
Die Triumphbögen Roms wurden von Männern errichtet, die noch keine andere Energiequelle hatten als ihre eigenen Körper. Es gibt ein Bild, das zeigt ein riesiges Rad für einen

*) 1. Beitrag zur Veranstaltung »Arbeit aus Liebe. Mitarbeiterinnen Gottes – Hilfsarbeiterinnen in der Gesellschaft« am 20. 6. 1987 auf dem 22. Deutschen Evangelischen Kirchentag in Frankfurt am Main.

1 B. Brecht, Fragen eines lesenden Arbeiters, in: Werkausgabe edition Suhrkamp, Gesammelte Werke in 20 Bänden, Bd. 9, 1967, 656f.

Baukran. In den Speichen des Riesenrades hängen Menschen und bewegen das Rad.
Die Frauen und Kinder dieser Lohnarbeiter und Sklaven saßen auf den Straßen des Hafens in Ostia und verkauften Fische.
Die Triumphzüge Roms triumphierten über die unterworfenen Völker. Die Frauen wurden auch hingerichtet, wenn sie gegen Roms Ausbeutung aufstanden. Da Jungfrauen nicht hingerichtet werden durften, vergewaltigte der Henker die Frauen vor der Hinrichtung.[2]
Unsichtbare Frauenarbeit, Arbeit auf dem Felde, in der Produktion von Textilien, in der sexuellen Befriedigung der Männer, die die Macht hatten, und im politischen Widerstand.
Die Arbeit von Lohnarbeitern und Sklaven wird verschwiegen; selbst die Sprache der Bibel, die Sprache der kleinen Leute, verschweigt die Männerarbeit.
In Mk 12,1 heißt es: »Ein Mensch pflanzte einen Weinberg und er setzte einen Zaun und grub eine Kelter und baute einen Turm ...« Der Mensch, d. h. der Großgrundbesitzer, hat nicht gepflanzt und gegraben, gepflanzt und gegraben haben Lohnarbeiter[3], während ihre Frauen die Getreidemühlen drehten (Mt 24,41). Die Herren nehmen die Arbeit der kleinen Leute, der kleinen Männer und der kleinen Frauen nicht wahr; das liebste ist ihnen, wenn sie lautlos und unbezahlt gemacht wird. Am lautlosesten und unbezahltesten waren allemal die Frauen der kleinen Männer. Das war damals in den antiken Gesellschaften[4] zur Zeit der Bibel so, und das ist

2 F. Augar, Die Frau im römischen Christenprozeß. Ein Beitrag zur Verfolgungsgeschichte der christlichen Kirche im römischen Staat, in: Texte und Untersuchungen, NF 13,4, Leipzig 1905, 81f.

3 Dieses Phänomen der antiken Herrschaftssprache, die auch von den Beherrschten gesprochen wird, bekommt in der grammatischen Tradition sogar einen – den Sachverhalt verschleiernden – Namen: »kausativer Aktiv«, zu übersetzen: er ließ graben usw., s. dazu L. Schottroff, Das geschundene Volk und die Arbeit in der Ernte Gottes, in: L. u. W. Schottroff (Hg.), Mitarbeiter der Schöpfung. Bibel und Arbeitswelt, München 1983, (149–206) 182.

4 Literatur zur Frauenarbeit in antiken Gesellschaften: P. Herfst, Le travail de la femme dans la Grèce ancienne, Utrecht 1922; S. Treggiari, Jobs for Wo-

heute so. Bei den Frauen hängt die Arbeit aber auf eine bestimmte Weise mit ihrer Sexualität zusammen. Sind sie jung, sollen sie sexuell zur Verfügung stehen und Kinder gebären. Kinder werden gebraucht, wo sollen denn sonst die Arbeiter und Soldaten und Frauen herkommen? Sind die Frauen über das gebärfähige Alter hinaus, sind sie die idealen Hilfsarbeiterinnen, die »man« nicht sehen muß. Sie haben wenig Ausbildung, sie haben das Bedienen und Verfügbarsein gelernt. Nun kochen sie, tragen das Wasser, graben das Feld um und sind zufrieden, wenn sie nicht hungern müssen.

Aus der Sicht der Herren sollte die Arbeit lautlos und prompt geleistet werden und möglichst wenig kosten. Lautlos, prompt und billig sind heute Näherinnen in Südkorea, Frauen in Kolumbien, die in riesigen Gewächshäusern Nelken produzieren, die wir billig im Sonderangebot kaufen können. Wen stört es hier, daß das Pflanzenschutzmittel von Bayer-Leverkusen diesen Frauen viele Fehlgeburten und Krebs einbringt? Die Armen kriegen aus der Perspektive der Reichen heute immer noch genug Kinder, Probleme bereiten da eher die Frauen der Reichen, die Frauen in den Industrieländern, die zu wenig Kinder bekommen. Bayer-Leverkusen darf in Kolumbien abtreiben, aber in der Bundesrepublik soll Abtreibung meldepflichtig werden (die Anonymität dieser Meldung ist Augenwischerei). Lautlos, prompt und möglichst billig soll Arbeit sein, und diese Bedingung erfüllen Frauen immer noch etwas besser als die Männerarbeiter. Und zur Verwertung der Frauen im Interesse der Mächtigen gehört nicht nur ihre Fähigkeit, mit der Hand zu arbeiten, feine Chips zu löten, sondern auch die Fähigkeit zu gebären. Herrschaft ist immer auch Herrschaft über die Gebärmütter der Frauen. Deshalb der dauernde Versuch, Abtreibung zu kriminalisieren und durch Embryonen»forschung« die Produktion von Menschen zu beeinflussen. Ich habe damit nicht gesagt, daß Abtreibung keine Tötung ist. Aber es ist ein him-

men, in: American Journal of Ancient History I, 1976, 76–104; L. Schottroff, Frauen in der Nachfolge Jesu in neutestamentlicher Zeit, in: W. Schottroff u. W. Stegemann (Hg.), Traditionen der Befreiung, Bd. 2, Frauen in der Bibel, München 1980, 91–133; N. Kampen, Image and Status: Roman Working Women in Ostia, Berlin 1981.

melweiter Unterschied, ob aus der Perspektive der betroffenen Frauen oder der Mächtigen in der Gesellschaft über Abtreibung geredet wird.
An Frauen kann »man« eben alles verwerten: Ihre Körper sind schön anzuschauen, wenn sie jung sind, ihre Gebärmütter sind für die Fortpflanzung im Sinne der Herren wichtig, ihre Hände sind geschickt zur Feinarbeit, und die gesellschaftliche Ideologie macht sie billig und unauffällig. In der Theologie und Kirche werden Frauenarbeit und Frauenkörper meist aus der Perspektive der Mächtigen wahrgenommen; man sieht Frauen nicht als Mit-Arbeiterinnen in der Schöpfung Gottes, sondern als Servicepersonal. Frauenarbeit wird verschwiegen und benutzt. Ich erzähle ein biblisches Beispiel. Die Purpurhändlerin Lydia in Philippi hat Wolle mit Purpurfarben und Urin gefärbt und verkauft. Die Wolle stank, und Purpurhändlerinnen wurden in der Gesellschaft gemieden wie die Gerber und Walker. Für das Urchristentum war sie eine wichtige Frau, deren Arbeit nicht diskriminiert wurde, weder ihre Arbeit als Purpurhändlerin noch die als Apostelin. Was ist in unserer theologischen Tradition aus Lydia geworden? Eine Dame der besseren Gesellschaft, die mit Luxusartikeln handelt und die Witwe eines wohlhabenden Mannes ist! – So in nahezu allen wissenschaftlichen Kommentaren zu lesen. Das ist in Kurzform die Theologie der Frauenarbeit, die es in der Tradition der westlichen Theologie gibt. Und die Prostituierten, von denen das Neue Testament spricht, sollen nach Meinung der herrschenden Theologie auch heute noch durch das Evangelium gebessert werden, von ihrem verwerflichen Weg abgebracht werden. Daß Frauen für sich und ihre Kinder oft nur durch Prostitution Geld verdienen konnten, wird verschwiegen, wird nicht gesehen. Es wird auch nicht verstanden, daß Jesus über eine Prostituierte gesagt hat: »ihre vielen Sünden sind ihr vergeben, denn sie hat viel geliebt. Wem wenig vergeben wird, der liebt wenig« (Lk 7,47). Das heißt *nicht*: erst hat sie gehurt, dann bereut und jetzt vergebe ich ihr wegen ihrer Reue. Der Text sagt vielmehr: Sie hat als Prostituierte gesündigt *und* geliebt, sie hat *als* Prostituierte vor Gottes Augen als eine Mitarbeiterin Gottes gelebt, fähig zur ganzen Liebe. Diese voll-

kommene Liebe, die der Prostituierten von der Gesellschaft abgesprochen wird, hat sie auch Jesus gegenüber erwiesen. Sie hat ihn gesalbt, mit ihren Tränen gewaschen und die Tränen mit ihrem Haar abgetrocknet. Sie war ihm gegenüber zugleich Prostituierte, die den Männern Frauenservice leistet, und liebende Gastgeberin. Gott hat ihr vergeben, weil sie ihre Arbeit als Prostituierte durch ihre Liebe so getan hat, daß sie Würde vor Gott hatte. Sie war Mitarbeiterin Gottes in der Schöpfung. Jesus hat über ihre Frauenarbeit nachgedacht; er hat bei der untersten Frauenarbeit angefangen, der Arbeit der Prostituierten. Er hat die Diskrepanz zwischen gesellschaftlich erzwungener Frauenrolle mit ihrer Sünde und der Menschenwürde der Frauen erkannt. »Die Zöllner und Huren werden euch vorangehen in die Königsherrschaft Gottes« (Mt 21,31).

Theologisches Nachdenken über Frauenarbeit hat einen *ersten* Schritt zu gehen in der Kritik an der theologischen Tradition, an der herrschenden Männertheologie. In ihr wird die Prostituierte zur reuigen Sünderin, die Jesus zu sich emporziehen muß. Nach der herrschenden Theologie wird Prostitution nicht als von der Gesellschaft erzwungene Frauenarbeit angesehen. Nach der herrschenden Theologie ist Frauenarbeit kein theologisches Thema und Arbeit (von Männern) nur ein Randgebiet, ein sozialethisches Thema allenfalls für Industriepfarrer. Nach der herrschenden Theologie ist nicht Frauen*arbeit* ein Thema, sondern die Frauen*rolle*. Die Frau ist »das andere Geschlecht« von der Schöpfung her, sie hat zu lieben, sich unterzuordnen, zu gebären und zu arbeiten – möglichst ehrenamtlich und geräuschlos, unsichtbar eben. Ich bin eine berufstätige Theologin, Theologieprofessorin in Kassel, tue also bezahlte Arbeit in einem ausgesprochenen Männerberuf. Die herrschende Theologie, die Frauen in die kirchlich approbierte und von den Mächtigen in der Gesellschaft gewünschte Frauenrolle drängt, habe ich nicht nur am Schreibtisch kennengelernt, sondern auch am eigenen Leibe. Ich habe zwar meinen Lebensunterhalt nicht als Prostituierte verdienen müssen, aber den Zwang, Servicedienste für Männer und Mächtige zu leisten, den kenne ich auch. Der erste Schritt zu einer Theologie der Frauenarbeit ist die Kritik der herrschenden Theologie, für die Frauenarbeit kein Thema ist und die die Frauenrolle so definiert, wie es schon die Mächtigen im Römischen Reich getan haben: Service haben Frauen zu leisten, unauffällig, lautlos und unsichtbar. Vor allem sollen sie dem Ehemann eine richtige Frau sein und Kinder gebären.

Luise Schottroff

Mitarbeiterinnen Gottes*

Eine Freundin hat mir vor 25 Jahren von einem Konflikt unter Frauen erzählt. Sie war damals gerade als Pfarrerin ordiniert worden und wollte heiraten *und* ihren Beruf behalten. Die Frauen, die eine Generation älter waren, konnten das nicht verstehen. Für sie war es in ihrer Jugend klar: Ich werde entweder Pfarrerin und bleibe unverheiratet *oder* ich heirate und werde Hausfrau und Mutter. Nun kam da eine neue Frauengeneration und wollte Beruf *und* Familie haben. Da sagte eine von den älteren Frauen zu der jungen voller Empörung: »Was sind das für Frauen, die alles haben wollen!« Ich möchte jetzt mit Hilfe des Neuen Testaments darüber nachdenken, was ein theologischer Entwurf für Frauenarbeit und Liebe sein könnte, ich möchte über die Lebensweise als Mitarbeiterin in der Schöpfung Gottes nachdenken. »Was sind das für Frauen, die alles haben wollen«, hat unsere ältere Schwester zu meiner Generation gesagt. Heute würde ich ihr antworten können. Ich würde ihr antworten: ihr habt darum kämpfen müssen, einen qualifizierten Beruf zu erlernen und auszuüben. Wir stehen auf Euren Schultern und können erkennen, was Frauenarbeit werden kann. Wir wollen tatsächlich alles. Wir wollen ausgebildet werden, wir wollen einen Beruf haben, wir wollen Kinder haben oder auch ohne Kinder nicht abqualifiziert werden als alte Jungfern. Wir wollen für die Schöpfung Gottes arbeiten, wir wollen Land bebauen, Bäume pflanzen, Kinder großziehen, Alte pflegen, Lokomotiven steuern. Ich finde Lokomotiven für die Schöpfung noch erträglich, ob es in der neuen Gesellschaft Flugzeuge geben muß, bezweifle ich. Also solange die Männer noch solche umweltschädlichen Großtechnologien bauen, wollen wir dagegen arbeiten. Auch politischer Widerstand ist Frauenarbeit. Wir wollen tatsächlich alles. Wir wollen wissenschaft-

*) 2. Beitrag zur Veranstaltung »Arbeit aus Liebe. Mitarbeiterinnen Gottes – Hilfsarbeiterinnen in der Gesellschaft« am 20. 6. 1987 auf dem 22. Deutschen Evangelischen Kirchentag in Frankfurt am Main.

lich arbeiten, mitregieren in echten Demokratien, wir wollen sogar Kirchen leiten, allerdings müßten sich die Kirchenverhältnisse dann etwas geändert haben. Frauen wollen tatsächlich alles. Ich glaube, in manchen Gruppen und Familien wird die neue Arbeit von Frauen und Männern schon praktiziert. Neben der Lohnarbeit, die nur einen Teil des Tages einnimmt, gibt es Kraft für die Arbeit, Kinder großzuziehen – und zwar ebensoviel für Männer und Frauen. Alle Arbeit wird zwischen den Geschlechtern gerecht geteilt. Das kann man und frau sogar in dieser ungerechten Gesellschaft, in der wir leben, schon praktizieren. Niemand muß auf übermorgen warten. Frauen wollen tatsächlich alles. Im Neuen Testament gibt es Wörter für diese neue Arbeit, die alle Bereiche des Lebens für jede einzelne Frau umfaßt. So etwas heißt: Mitarbeit in der Ente Gottes (Mt 9,38), Knochenarbeit für Gott (κοπιᾶν z. B. Röm 16), sogar Mitarbeiterinnen Gottes könnten Frauen im Sinne von 1Thess 3,2 genannt werden. Diese Bezeichnung hat Christen späterer Jahrhunderte erschreckt: Menschen können doch nicht Mitarbeiter Gottes sein, darum wurde der Text geändert, und man schrieb statt Mitarbeit in der Ernte Gottes (Mt 9,38), Knochenarbeit für Gottes können Menschen sein. Das Wort hat einen hohen Anspruch: Wir können die gleiche Arbeit tun, die Gott tut. Gott läßt die Pflanzen wachsen, wir können dabei mitarbeiten. Gott gibt Männern und Frauen Kinder. Wir Menschen können dabei mitarbeiten. Gott gibt den Menschen die Fähigkeit zur Liebe, wir können diese Liebe gestalten. Gott will, daß Gerechtigkeit und Frieden auf der ganzen Erde Wirklichkeit sind. Wir können daran mitarbeiten. Gott will, daß die Vögel jeden Morgen singen und alle Menschen sich daran erfreuen. Wir können daran mitarbeiten. Wenn wir nicht schnell die neue Frauenarbeit und die neue Männerarbeit ausbreiten, singen die Vögel bald nicht mehr, weil sie vergiftet wurden und vom Himmel fallen. Menschen können Mitarbeiterin und Mitarbeiter in Gottes Schöpfung werden.
Die Mitarbeit mit Gott kann ganz klein anfangen, es genügt ein Senfkorn, haben Jesus und seine ersten Jüngerinnen und Jünger gesagt. Ich zitiere aus Paulus, der oft sehr gute Einsichten formuliert, wenn auch nicht immer (aber das ist ein

anderes Thema). Er sagt: *»Ich bitte euch, ihr [Schwestern und] Brüder, so wahr Gott euch liebt, stellt eure Leiber als lebendiges, heiliges, Gott gefallendes Opfer zur Verfügung, das sei euer vernünftiger Gottesdienst. Paßt euch nicht dieser Weltstruktur an, sondern verwandelt euch durch die Veränderung eures Bewußtseins, so daß ihr prüft, was der Wille Gottes ist: das Gute, [Gott] Wohlgefällige und Vollkommene« (Röm 12,1–2).* Wir können tatsächlich alles haben, die Vollkommenheit, die darin besteht, nach dem Willen Gottes zu leben. Paulus sagt, es komme darauf an, wofür ich mich einsetze, meinen Leib zur Verfügung stelle. Stelle ich mich den Todesstrukturen dieser Welt zur Verfügung oder Gott, der Gerechtigkeit will? Das Wort »Ganzheitlichkeit« ist heute modern. Die Sprache des Neuen Testaments sagt dafür: Leiber zur Verfügung stellen. Ich bin ganz Leib/σῶμα. Ich kann Gott dienen oder den von Menschen geschaffenen Todesstrukturen. Nicht irgendwann werden wir die neue Frauenarbeit und die Gerechtigkeit erreichen, sondern *jetzt* beginnen wir damit, im Alltag unserer Leiber. Wie setzen wir unsere Leiber ein, welche Ziele verfolgen wir? Konkret heißt das z. B.: Ich versuche die Grenzen, die mich zerteilen, so gut es geht, aufzuheben. Eine Grenze, die mich zerteilt, ist die Grenze zwischen Privatleben und Beruf; eine andere ist die zwischen Wissenschaft und Politik. Ich will nicht mehr im Berufsleben perfekt und stark sein müssen, und abends zu Hause gehen mir dann die Nerven durch. Ich will meine Schwäche auch in der Berufswelt zulassen. Ich will keine theologische Wissenschaft mehr treiben, die die Lebenswirklichkeit der Menschen ausblendet. Ich habe die Beispiele für die Grenzüberschreitung aus meinem Lebensbereich gewählt. Vieles ist mir auch nicht gelungen, oder ich habe es zu spät begriffen. Aber ich möchte Euch allen und mir selbst Mut machen, solche Grenzüberschreitungen zu erfinden. Eine Faustregel, die sich mir bewährt hat: wo ich den gesellschaftlichen Druck der sogenannten Frauenrolle spüre, wehre ich mich. Der Unfug mit der Frauenrolle muß endlich aufhören. Aus dem Wunder der Geburt von Kindern durch Frauen ist nicht abzuleiten, daß Frauenarbeit generell billiger ist, daß Frauen allein primär die Arbeit mit den Kindern zu leisten haben, auch nicht, daß Frauen schneller in die Arbeitslosigkeit abgedrängt werden. Der Unfug mit der Frauenrolle muß aufhören, und es gibt viele Möglichkeiten in unserem Alltag, damit anzufangen. Gerade wir Christinnen und Christen haben dabei eine historische Verantwortung. Unsere kirchliche und theologische Tradition war in der Sache der Frauenrolle und Frauenunterordnung leider meinungsbildend und hat unsere Kultur bis in die Gegenwart bestimmt. Paulus hat Mitschuld, aber ich will jetzt nicht von Paulus reden, er ist auch oft mißbraucht worden. Die Päpste tragen Mitschuld, aber ich rede jetzt nicht vom Papst, ich bin evangelische Christin. Ich rede von den Männern, die meine Kirche bestimmen, die besonders begriffsstutzig sind, wenn es um die Frauenrolle geht. Dadurch unterstützen sie die Ungerechtigkeit, Frauen primär unter dem Gesichtspunkt der Gebärfähigkeit zu definieren und zu funktionalisieren. Sie stützen die Ungerechtigkeit, Frauenarbeit billig und unsichtbar zu machen.

Frauen wollen tatsächlich *alles* und *alles jetzt* und *alles gleichzeitig:* arbeiten aus Liebe, aber nicht ausgenutzt werden, arbeiten für die Gerechtigkeit auf dieser Erde – und den Frieden und die Bewahrung der Schöpfung. Wir wollen unsere Leiber nicht den Strukturen der Welt zur Verfügung stellen, sondern Gott.

Luise und Willy Schottroff

Biblische Traditionen von »Staatstheologie, Kirchentheologie und Prophetischer Theologie« nach dem KAIROS-Dokument*)

I

Hermeneutische und methodische Einführung

Frank Chicane, einer der Mitverfasser des KAIROS-Dokuments, hat in einem Interview mit Albert Schipper (Junge Kirche 47, 1986, 8/9, 460–464; hier 462) folgendes gesagt: »Marx war nicht der erste, der etwas zum Klassenkampf zu sagen hatte. In der Bibel kann man schon die Ideologie derer wiederfinden, die ein Unterdrückungssystem aufrecht erhalten, und man sieht auch die, die dagegen kämpfen. So kann man in der Bibel leicht Texte finden, die die Gedanken der einen oder der anderen dieser beiden Gruppen wiedergeben. Es hängt allein ab von der Perspektive, unter der man die Bibel lesen will. Wenn du zu den Unterdrückern gehörst, kannst du leicht Texte finden, die deine Position unterstützen. Aber wenn du für Gerechtigkeit kämpfst, findest du auch solche Texte. Die Frage ist nur: Wo steht Gott in dem Kampf? Gott ist auf der Seite der Schwachen und der Opfer zu finden. Wiederholt wird in der Bibel gesagt, daß die Reichen die Richter beeinflussen und die Armen ausbeuten ... Es ist ganz klar, wo Gott und Jesus stehen: bei den Hungrigen auf der Straße, bei den Opfern. Christus verteidigt immer die Schwachen.« Die Perspektive, unter der man die Bibel lesen will, ist nicht ein Ergebnis einsamer Schreibtischentschlüsse, sondern das

*) Eine Herausforderung an die Kirchen: Das KAIROS Dokument. Ein theologischer Kommentar zur politischen Krise in Südafrika, Junge Kirche 47 (1986), 34–39.95–100.164–171; 2. revidierte Fassung in: Christliches Bekenntnis in Südafrika (Weltmission heute 1), Hamburg 1987, 3–39. – Der folgende Text wurde zuerst am 6. Dezember 1986 in der Johanniskirchengemeinde Bonn-Bad Godesberg auf einer Tagung des »Plädoyers für eine ökumenische Zukunft« vorgetragen.

Ergebnis von Lebenspraxis und Interessen. Der politische Kontext und die theologische Tradition, aus der heraus Frank Chicane redet, läßt keinen Zweifel an seiner Option und seinen Interessen. Er kämpft und leidet für die Befreiung der schwarzen Menschen aus ihrer Unterdrückung in Südafrika. Wenn man seine Art, sich theologisch zu äußern, mit der Art vergleicht, mit der in der Bundesrepublik Theologie betrieben wird, so ist zuerst einmal zu lernen, daß wir bundesdeutschen Theologen und Theologinnen endlich unsere Optionen und Interessen analysieren und offen über sie reden müssen. Eine Offenlegung des eigenen Standortes in sozialer, politischer und ökonomischer Hinsicht auf der Grundlage einer sozialen Analyse gehört an den Anfang theologischer Rede, auch bibelwissenschaftlicher Überlegung.

Wir wollen unseren Standort skizzieren, indem wir sagen, wo wir heute »Staatstheologie, Kirchentheologie und Prophetische Theologie« in der Bundesrepublik sehen. Danach wollen wir die bibelwissenschaftlichen Fragen behandeln, wobei noch einmal auf die Sätze von Frank Chicane zurückzukommen ist.

Es ist schwierig, in der Bundesrepublik zwischen Staatstheologie und Kirchentheologie zu unterscheiden. Es gibt eine *Staatsideologie*, die sich selbst nicht für eine Theologie hält, die aber religiöse Züge hat. Zu ihr gehört die Behauptung, unser Staat sei eine Demokratie. Dabei wird dann ein Idealbild vom demokratischen Willensbildungsprozeß gezeichnet. Diese Staatsideologie verschleiert bewußt oder unbewußt die gesellschaftliche Wirklichkeit. Diese Staatsideologie gibt sich profan, enthält aber religiöse Züge, denn mit ihr sind »Bekenntnisse« verbunden, die an die Stelle des Bekenntnisses des christlichen Glaubens treten: das Bekenntnis zum Antikommunismus, zum Wirtschaftswachstum, zur Kernkraft, zur sogenannten »Verteidigung«. Diese Bekenntnisse sind in weiten Bereichen der Arbeitswelt Eintrittskarten für einen Arbeitsplatz bzw. für den beruflichen Aufstieg.

Eine theologische Begründung findet diese Staatsideologie in der Bundesrepublik selten. Allerdings sollte man sehen, daß diese Staatsideologie gerade auch von Theolog/inn/en und Christen und Christinnen vertreten wird. Sie geht Hand in

Hand mit einer *Kirchentheologie*, die ähnlich zu charakterisieren ist, wie es das KAIROS-Dokument tut. Es war z. B. am Diskussionsverlauf über den Bankenboykott des Deutschen Evangelischen Kirchentages zu studieren, wie Kirchentheologie bei uns aussieht: Die eigenen ökonomischen und politischen Interessen der Institution werden nicht benannt. Kirche – oder Kirchentag – erscheint als offenes Forum, vor dem in freier Argumentation beide Seiten ihre Position vertreten können. Die Institution Kirche(ntag) soll neutral bleiben, damit sie »gesprächsfähig« bleibt. Hinter dieser Reklamation der Gesprächsfähigkeit nach beiden Seiten steht jedoch die wirtschaftliche und politische Notwendigkeit, es mit den Herrschenden nicht zu verderben. Die Einflußnahme etwa der bundesdeutschen Großindustrie auf kirchliche Institutionen ist beträchtlich. Dieses Modell von Kirche als neutralem Ort zwischen den Fronten kommt christlich-bürgerlich vermitteltem Harmoniebedürfnis wunderbar entgegen. Versöhnung, Frieden, Gewaltlosigkeit, Solidarität mit den Armen werden propagiert. Praktiziert wird das heimliche Paktieren mit den Mächtigen, eine Friedenspolitik, die den status quo nicht in Frage stellt, eine Solidarität, die bestenfalls Almosen produziert, und eine Gewaltlosigkeit, die die Frage nach der von unserer Gesellschaft durch Waffen und Ökonomie ausgeübten Gewalt ausklammert.
Die Staatsideologie wie ihre Begleitung, die Kirchentheologie, haben gemeinsam, daß die wahren Interessen verschleiert oder verschwiegen werden, daß der status quo als erhaltenswert gilt und daß eine gesellschaftliche Analyse der eigenen Situation nicht vorkommt.
Darum ist es ein grundlegender Schritt einer prophetischen Theologie, eine gesellschaftliche Analyse der eigenen Situation zu erarbeiten. Der Ort einer solchen gesellschaftlichen Analyse und einer prophetischen Theologie in der Bundesrepublik ist die Friedensbewegung bzw. sind die ihr nahestehenden Gruppen, die an der Solidarität mit der sogenannten 3. Welt arbeiten, die Frauenbewegung, die Antiatomkraftbewegung. Hier ist seit vielen Jahren eine neue Kultur entstanden und in Teilen dieser Bewegung auch eine Bekennende Kirche und eine befreiende Bibellektüre.

Auch in der Bundesrepublik wird man sagen müssen, »daß die Kirche gespalten ist« (KAIROS-Dok. cap. 1, vgl. 5.1), auch wenn die Beschwörungen der Gemeinsamkeit zum Ritual der Kirchentheologie gehören. Nichts ist der Kirchentheologie so unangenehm, wie die Konfrontation mit der Tatsache, daß es in unserer Gesellschaft zwei unvereinbare christliche Optionen gibt. Wir meinen, auch darin Frank Chicane folgen zu müssen, daß die Kirchentheologie den Gott der Bibel nicht für sich in Anspruch nehmen kann. Auf unsere Situation ist in dieser Frage das KAIROS-Dokument voll anwendbar: »Wir sind ... eine gespaltene Kirche, weil nicht alle Mitglieder unserer Kirchen Stellung gegen die Unterdrückung bezogen haben« (cap. 5.1).

Die bibelwissenschaftliche Methode der Kirchentheologie in der Bundesrepublik nennt sich historisch-kritisch, beansprucht aber diesen ehrenwerten Namen zu Unrecht. Sie klammert den gesellschaftlichen Kontext für das Verständnis der biblischen Texte weitgehend aus – fragt also historisch nur in einem geistes- und religionsgeschichtlichen Sinne, nicht in einem materialistisch-historischen Sinne.

Sie erhebt so angeblich zeitlose religiöse Wahrheiten vom Wesen »des Menschen« vor Gott. Falls überhaupt historische Bedingtheiten für biblische Traditionen berücksichtigt werden, geschieht dies nach dem Muster von Schale und Kern. Der Kern der biblischen Botschaft aber wird in dem genannten idealistischen Sinne (der Mensch vor Gott) bestimmt. Auch »kritisch« kann diese historisch-kritische Bibelwissenschaft nicht mehr genannt werden, denn sie ist nicht mehr kritisch gegenüber den Interessen von Staat und Kirche in unserer Gesellschaft.

Das KAIROS-Papier benennt die historische Methode der prophetischen Theologie besonders deutlich im Zusammenhang seiner Analyse von Röm 13,1–7: »Jeder Text muß *in seinem Kontext* ausgelegt werden« (KAIROS-Dok. cap. 2.1), wobei mit dem Kontext nicht der literarische Kontext, sondern der gesellschaftliche Kontext gemeint ist. Der Kontext damals wie der Kontext heute sind am besten mit den Instrumenten der Klassenanalyse zu erkennen, die von Marx *und* der Bibel zu lernen sind. Frank Chicane verwies zu Recht

darauf, daß die gesellschaftliche Analyse von K. Marx in der Kontinuität der biblischen Tradition steht.
Die biblischen Kategorien dieser Analyse sind – gemessen am heutigen sozialwissenschaftlichen Instrumentarium – schlicht, aber wirkungsvoll. Sie stellen Arme den Reichen gegenüber, Beherrschte den Unterdrückern, Opfer den Tätern – die Liste der Gegensatzpaare läßt sich verlängern. Diese gesellschaftlichen Gegensätze werden dabei von der gesamten biblischen Tradition ganzheitlich und parteilich betrachtet. Ganzheitlich meint: es wird nicht nur die ökonomische Seite der Armut wahrgenommen (der Hunger), sondern auch die geistige (Unbildung), die körperliche (Krankheit), die psychische (Weinen) und die geistliche (Gottferne, Armut vor Gott). Parteilich meint: das Elend und die Befreiung derer, die »unten« sind, stehen im Mittelpunkt. Dieses analytische Instrumentarium ist einerseits – historisch betrachtet – in Gesellschaften entstanden, in denen die Oberschicht sich nicht genötigt fühlte, den Klassengegensatz zu verschleiern und selbst diese »sozialen Typenbegriffe« (E. Ch. Welskopf, Soziale Typenbegriffe im alten Griechenland und ihr Fortleben in den Sprachen der Welt 3–4, Berlin 1981) benutzte. Andererseits erweist sich dieses Instrumentarium auch angesichts einer Gesellschaft als hilfreich, in der es wie in der Bundesrepublik eine breite Mittelschicht gibt, die die Herrschaft der Herrschenden trägt. Denn nur so erfassen wir die Gespaltenheit unserer eigenen bürgerlichen Existenz: Täter gegenüber der 3. Welt, Opfer der Umweltverschmutzung und Rüstung. Reich im ökonomischen Sinne, aber hoffnungsloser als Reiche je sein mußten, wenn es um die Zukunft der Kinder und das Ertragen der Todesdrohung geht.
Die biblischen Traditionen sind auf dem Hintergrund dieses analytischen Instrumentariums von vornherein danach zu unterscheiden, in welchem Sinne die Träger dieser Traditionen an der gesellschaftlichen/ökonomischen Macht partizipieren. Nur bestimmte Bereiche des Alten Testaments stammen aus solchen Verhältnissen. Die Breite der Traditionen des Alten und Neuen Testaments jedoch entstammt der politischen und ökonomischen Situation eines kleinen von Großreichen unterdrückten Volkes: der des Volkes Israel und der

späteren christlichen Gemeinde aus Juden und Heiden im Römischen Reich. Frank Chicane sagt, beide Seiten hätten sich – je nach ihrer Perspektive – auf die Bibel berufen. Mit historischem Recht kann sich Kirchen- und Staatstheologie auf David und Salomo berufen, aber sonst sozusagen auf nichts. – Auch nicht auf Röm 13,1–7, denn dieser Text gehört in den Lebenszusammenhang einer verfolgten Minderheit im Römischen Reich.
Wenn jedoch der Bibel Gerechtigkeit widerfahren soll, muß auch die Mißbrauchsgeschichte aufgeklärt werden. Wie konnte es kommen, daß eine obrigkeitstreue Kirche sich auf Röm 13,1–7 berufen konnte? Und woher stammen die Traditionen der Staats- und Kirchentheologie?

II

Alttestamentliche Traditionen von »Staatstheologie und Prophetischer Theologie«

Im folgenden soll das Problem von »Staatstheologie, Kirchentheologie und prophetischer Theologie« exemplarisch an drei für das Alte Testament und die Geschichte Israels grundlegenden Konfliktsituationen aufgezeigt werden:
1. an der Krise, welche die Staatenbildung für die israelitische Gesellschaft bedeutet hat, und an dem durch sie ausgelösten Widerstand gegen das Königtum;
2. am Kampf der Propheten des 8. Jahrhunderts vChr. für Frieden und Gerechtigkeit und ihrem Nein zum zeitgenössischen Israel;
3. an der Auseinandersetzung des exilisch-nachexilischen Judentums mit dem Problem der Weltmacht, unter der man – auf die Länge der Zeit: als unterdrückte Minderheit – zu leben hatte.

1. Im Vergleich mit Mesopotamien, wo nach Aussage der sumerischen Königsliste unmittelbar im Anschluß an die Schöpfung und noch vor der Sintflut »das König[tum] vom Himmel heruntergekommen« sein soll (O. Kaiser [Hg.],

Texte aus der Umwelt des Alten Testaments I/4, Gütersloh 1984, 330), herrscht in Israel ein anderes historisches Bewußtsein vor. Denn hier war man sich stets darüber im klaren, daß die eigene Staatenbildung erst zu einem bestimmten historischen Zeitpunkt erfolgt ist, nämlich im ausgehenden 11. Jahrhundert vChr. unter Saul und David, und daß der Staat keine Schöpfungs-, sondern eine Notordnung sei, die unter ganz bestimmten historischen Randbedingungen in die Wirklichkeit Israels eingetreten ist, nämlich: auf dem Hintergrund der akuten äußeren Bedrohung durch die Philister, deren man sich ohne beständige zentrale Führungsinstanz nicht mehr zu erwehren wußte. Vorher, so erinnerte man sich noch stets, lebten die Israeliten in der Verfassung einer Stammes- oder segmentären Gesellschaft, in einem »Gemeinwesen ohne Obrigkeit« (J. Wellhausen), dessen übergreifende Einheit mit Hilfe verwandtschaftlicher Kategorien definiert war und das jedenfalls die für Staaten charakteristische hierarchische Abstufung der Macht von oben nach unten nicht kannte. Und überdies war man sich sehr wohl darüber bewußt, daß die mit Saul und David beginnende Periode eigener Staatlichkeit lediglich eine Episode in der langen Volksgeschichte gewesen ist. Denn das Nordreich Israel endete schon im Jahre 722 vChr. mit der Eroberung seiner Hauptstadt Samaria durch die Assyrer, das Südreich Juda 587 vChr. mit der Einnahme Jerusalems durch den babylonischen König Nebukadnezar II. Man sollte daher der Institution des monarchischen Staates in Israel auch keine höhere Notwendigkeit zubilligen, als ihr, aufs ganze gesehen, vom Alten Testament selbst zugestanden wird. Und das ist die: eine zeitgebundene, von vornherein problematische und schon von Anfang an heftig umkämpfte Verfassung Israels gewesen zu sein (gegen R. Smend, Der Ort des Staates im AT, in: ders., Die Mitte des AT, München 1986, 186–199). Vor allem aber sollte man die Notwendigkeit staatlicher Herrschaft nicht allzu schnell mit dem Hinweis auf das Schreckbild der Anarchie als ihrer angeblich einzigen und zwangsläufigen Alternative begründen (gegen A. H. J. Gunneweg/W. Schmithals, Herrschaft, Stuttgart 1980, 7–18. 51). Denn im Lichte der ethnologischen Analogien aus dem Bereich der segmentären Gesellschaften besehen, trifft dieser Vorwurf historisch wohl kaum die soziale Realität des vorstaatlichen Israel. Jedenfalls trifft er in dieser Pauschalität nicht zu, auch wenn der gleiche Vorwurf gegen die vorstaatlichen Verhältnisse schon im Alten Testament selbst erhoben wird. Tatsächlich heißt es in Ri 17–21 mehrfach im Blick auf bestimmte verwerfliche Vorfälle, die sich in jener Zeit ereignet haben sollen: »In jenen Tagen gab es noch keinen König in Israel; ein jeder tat, was ihm in seinen Augen richtig erschien« (Ri 17,6; 18,1; 19,1; 21,25). Bei der Bewertung dieses Satzes muß man sich allerdings darüber im klaren sein, daß sich in Ri 17–21 überhaupt *israelitische Staatstheologie* Ausdruck verschafft, die das umstrittene junge Königtum mit allen ihr zu Gebote stehenden Mitteln legitimieren will (s. hierzu u. zum folgenden: M. Buber, Königtum Gottes, Heidelberg ³1956; F. Crüsemann, Der Widerstand gegen das Königtum, Neukirchen-Vluyn 1978). Die Staatstheologie, die sich an solchen Stellen des dtr Geschichtswerks Ausdruck verschafft und darüber hinaus vor allem noch in den Psalmen anzutreffen ist, verfolgt ein umfassendes Ziel. Ihr geht es nicht nur darum, die ewige Dauer der davidischen Dynastie auf dem Jerusalemer Thron durch eine entsprechende prophetische Weissagung (2Sam 7) zu sichern. Darüber hinaus reklamiert sie für den davidischen Herrscher in Aufnahme der religiösen Königsideologie des alten Orients sogar die Gottessohnschaft. Sie wird ihm bei seiner Inthronisation auf dem Wege der Adoption zugesprochen (Ps 2,7; vgl. 2Sam 7,14; Ps 89,27f). In Aufnahme der Traditionen des altorientalischen Gottkönigtums wird auch dem davidischen Herrscher die Fähigkeit, an der Eindämmung der die Schöpfung bedrohenden Chaosfluten mitzuwirken (Ps 89,26), und das Vermögen, dem Lande Fruchtbarkeit zu geben (Ps 72,16), zugeschrieben. Seine Herrschaft ist ihrem Anspruch nach weltweit (Ps 2,8; 72,8–11). Und ebenso, wie er die Chaosfluten zu zügeln versteht, ist er imstande, mit Hilfe seines Gottes den Aufruhr der Völker und ihrer Könige niederzuschlagen (Ps 2; 110) und einen allumfassenden Friedenszustand herzustellen, in dem »alle Könige ihm huldigen und alle Völker ihm dienen« (Ps 72,11). Nach innen hin schafft dieser König seinem Anspruch nach Wohlfahrt und

Sicherheit für sein Volk (1Kön 4,20b; 5,5), und vor allem: er verwirklicht Recht und Gerechtigkeit (1Kön 3,16–28), besonders für die Armen und sozial Schwachen (Ps 72,1–4.12–14).

Es kann nicht verwundern, daß diesem idealen Herrscherbild eine lange und eindrucksvolle Wirkungsgeschichte beschieden war. Der in ihm zum Ausdruck kommende Anspruch, Frieden, Ordnung, Sicherheit, allgemeine Wohlfahrt und Recht – nach Möglichkeit weltweit und im Sinne der eigenen Vorstellungen und Interessen – durchzusetzen, kennzeichnet auch noch moderne Staatsideologien. Die Frage ist jeweils nur, ob und wieweit dieser Anspruch eingelöst werden kann, und wenn er eingelöst wird, um welchen Preis und vor allem: für wen.

Sicherlich hat in Israel niemand daran Anstoß genommen, daß die dem Großreich Davids integrierten Kanaanäer und die ihm einverleibten Nachbarvölker jetzt tribut- und dienstpflichtig waren (vgl. Gen 9,18–27, Jos 16,10; 17,13; Ri 1,27–36; 2Sam 8,1–4; 12,26–31 u. a.). Aber die Veränderungen der Situation wurden im Übergang von dem Heerkönigtum Sauls zur Großreichsbildung Davids auch für Israeliten spürbar. Es hat den Anschein, daß die durch Davids Eroberungsfeldzüge bewirkte Verlängerung der Heerbannpflicht die israelitischen Bauern allzu lange ihrer landwirtschaftlichen Tätigkeit entfremdete und so Unzufriedenheit aufstaute, die sich schließlich in Aufständen entlud (2Sam 15,1–20, 22). Hinzu kamen auch für Israeliten erhebliche Abgabenlasten sowie Frondienstverpflichtungen – besonders im Zusammenhang mit Salomos ausgedehnter Bautätigkeit (1Kön 5,15–7, 51; 9,15–23). Salomo ist damals wohl vielen wie ein neuer Pharao der Bedrückung vorgekommen (vgl. Ex 1,8–14; 2,11; 5,1–18), und es erscheint wie eine zwangsläufige Konsequenz, daß nach seinem Tod die Nordstämme die Gefolgschaft aufkündigten und es zum Zerfall des geeinten Reiches in zwei Teilreiche kam, als sein Nachfolger die Lasten nicht vermindern wollte (1Kön 12,1–19). Doch schon zu seinen Lebzeiten kam es zu einer vernichtenden *Kritik am Königtum* und der es stützenden Staatstheologie. Die wohl aus dieser Zeit stammende Jothamfabel etwa stellt das Königtum als einen unnützen Beruf dar, zu dessen Übernahme nur der Unwürdigste bereit ist (Ri 9,7–15). Zugleich ist es, wie die ganze Überlieferung von Abimelech in Ri 9 zeigt, in die diese Fabel eingebettet ist, eine gefährliche Institution, denn es gründet sich auf Gewalt (vgl. dazu 1Kön 2,13–46!). Und mehr noch, so formuliert es kurz zuvor Gideon, als ihm die Königswürde angetragen wird: *es ist die Alternative zur Herrschaft Gottes über sein Volk* und bedeutet die Verwerfung Gottes: »Ich will über euch nicht herrschen, und auch mein Sohn soll über euch nicht herrschen; Jahwe soll über euch herrschen« (Ri 8,23).

2. Die *Träger des Widerstands* gegen das Königtum und die es legitimierende Staatstheologie waren in Israel während des 10. Jahrhunderts vChr. *die freien Bauern*. Sie sind in der Folgezeit in ihrer ganzen Breite als soziale Schicht die Opfer des neuen Gesellschaftssystems geworden und in großer Zahl in den Status abhängiger Pächter, landloser Tagelöhner oder gar unfreier Schuldsklaven abgesunken, während das Königtum und die Angehörigen der neuen Oberschicht, der Militär- und Verwaltungsadel, großen Landbesitz und einen luxuriösen Lebensstil ermöglichenden Reichtum ansammelten. Im 8. Jahrhundert vChr. ist die Ausbildung einer Klassengesellschaft in Israel vollzogen und nun auch am archäologischen Befund ablesbar, – etwa in tell el-fār^{c}a/Thirza, wo die Häuser der Reichen sich augenfällig von den Hütten der ärmeren Stadtbevölkerung unterscheiden und auch in einem anderen Stadtviertel liegen. Die Gründe für diesen sozialen Umbruch sind mannigfaltig. Natürliche Gründe wie Dürrezeiten und Mißernten spielen dabei eine Rolle, aber auch Kriege und ihre Folgen. Der entscheidende Faktor aber war das Königtum selbst und der durch dieses bewirkte gesellschaftliche Wandel: die den Untertanen auferlegten Abgaben und Lasten zwangen diese, sich zu verschulden; die wachsende Desolidarisierung innerhalb des ehedem ganz auf Verwandtschaftsbeziehungen gegründeten Sozialsystems ließ wirtschaftliche Auffangmöglichkeiten schwinden; hinzu kamen Druck und willkürliche Übergriffe der Mächtigen auf die sozial Schwächeren und eine zugunsten der Mächtigen in der Gesellschaft praktizierte parteiische Rechtsprechung. Der Fall von Na-

boths Weinberg (1Kön 21) kann als typisches Beispiel für die damals in Israel generell vorwaltenden Verhältnisse angesehen werden.

Dieser Fall ist auch insofern charakteristisch, als in ihm ein *Prophet* als Sachwalter für den um sein Recht gebrachten Naboth und damit als Streiter für die Sache der Gerechtigkeit überhaupt auftritt. In dieser Rolle analysieren fortan auch andere Propheten, voran Amos, Jesaja und Micha, den Zustand, in dem sich die Gesellschaft ihrer Tage befindet (zum folgenden vgl. W. Schottroff, Der Prophet Amos, in: W. Schottroff/W. Stegemann [Hg.], Der Gott der kleinen Leute I, München-Gelnhausen 1979, 39–66). Er stellt sich ihnen als einer dar, der von Gewalt bestimmt und von der Unterdrükkung der sozial Schwächeren durch die Stärkeren beherrscht ist (Am 3,10; 4,1). Der Drang nach Bereicherung um jeden Preis, so nehmen sie wahr, dominiert in dieser Gesellschaft (Jes 5,8; Mi 2,1f). Von Recht und Gerechtigkeit, dem hohen Anspruch, mit dem die Staatstheologie auftrat, war in der Wirklichkeit keine Spur verwirklicht (Jes 1,21–23; 5,1–7.23; 10,1f; Am 5,7.10; Mi 3,1–3). Schlagender als durch diese soziale Analyse, die sich in den Anklagen der Propheten findet, war der rein ideologische Charakter des Anspruchs, mit dem die Staatstheologie auftrat, nicht zu entlarven. Die Konsequenz der Propheten war eindeutig und klar. Sie lautete: *Gott ist Partei. Er steht auf der Seite der Opfer*, nicht auf der Seite derer, die den Staat tragen und das Unrecht nicht nur zugelassen, sondern mitverursacht haben. Weil die Propheten Gott auf der Seite der Opfer wissen, entscheidet sich für sie alles an den Opfern – bis hin zum Fortbestand Israels. Die Opfer werden zum Maßstab, an dem sich das Überleben aller bemißt. Keine gottesdienstliche Leistung kann den Zorn Gottes besänftigen, ihn aus dem Schweigen hervorlocken, solange den Opfern des gesellschaftlichen Unrechts nicht endlich Recht geschieht (Jes 1,10–17; Am 5,21–27). Ja, die Verwirklichung von Gerechtigkeit und das Abstehen von Ausbeutung und Unterdrückung werden zur einzigen Möglichkeit, wie Israel überhaupt noch überleben kann (Jes 1,17f; Am 5,14f). Das besagte für die alttestamentlichen Propheten zugleich: keine noch so große Rüstung, keine noch so erfolgversprechende Bündnispolitik können den Bestand der beiden auf dem Boden Israels bestehenden Staaten sichern. Ihr Fortbestand hängt allein daran, ob in ihnen der Wille Gottes verwirklicht wird. Besonders Jesaja hat diesen Zusammenhang immer wieder herausgestellt und, wenn auch vergeblich, vor der falschen Alternative: dem sich Einlassen auf Weltmachtpolitik, gewarnt (Jes 1,5–9; 8,5–8; vgl. 30,1–17; 31,1–3 u. a.) Da das Königshaus und die Oberschicht in Juda sich den prophetischen Einreden verschlossen zeigten, haben Jesaja und Micha der Unveränderbarkeit der Verhältnisse die Hoffnung auf einen in Bälde erscheinenden messianischen Herrscher entgegengestellt, der den ersehnten Zustand von Gerechtigkeit und Frieden endlich herbeiführen werde (Jes 9,1–6; 11,1–5; Mi 5,1–5). Amos und Hosea sind noch radikaler in ihrer Konsequenz gewesen: sie haben dem Staat und dem Königtum des Nordreiches Israel überhaupt das Ende seiner Existenz angesagt (Am 8,2; Hos 8,4; 10,3.7).

3. Die Konsequenzen prophetischer Theologie sind damit allerdings noch nicht vollständig abgeschritten. Denn auch der Staat Juda ist im Jahre 587 vChr. an sein Ende gekommen. Dies erforderte eine neue Reflexion darauf, wie man das *Überleben als Minderheit unter einer fremden Weltmacht* zu gestalten habe, ohne daß man dabei die eigene Identität aufgeben müsse. Zuerst Jeremia hat darauf in seiner Situation als Antwort formuliert, daß Gott alle Länder der Erde seinem Knecht Nebukadnezar (II.: 605–562 vChr.) übergeben habe, damit sie ihm dienstbar seien (Jer 27/28). Diese Aussage schließt die Forderung politischer Loyalität gegenüber dem Herrscher der Fremdmacht ein. Die eigene Identität wird in diesem Falle gewahrt durch die Treue zur Thora, die den Willen Gottes enthält. Diese Antwort bot für die Zukunft eine Überlebensmöglichkeit, – jedoch nur solange, wie die Fremdmacht, der man ausgeliefert war, nicht die eigene religiöse Identität antastete. Das geschah jedoch um die Mitte des 2. vorchristlichen Jahrhunderts unter dem seleukidischen König Antiochus IV. Epiphanes (175–164 vChr.), der den Tempel von Jerusalem entweihte und die Ausübung der jüdischen Religion verbot (Dan 8,11–14; 11,31f; 1Makk 1,41–64). Das Danielbuch, in dem sich dieser Konflikt spiegelt,

läßt dabei folgende, auch für die Zukunft wichtige Weise der Reaktion prophetischer Theologie erkennen: Der Prophet (bzw. der apokalyptische Seher) weiß, daß er sich in einer Zeit befindet, in der sein Volk unter einer Reihe qualitativ immer minderwertiger, aber auch immer bedrohlicher werdender Weltreiche zu leben hat (Dan 2,31–45; vgl. 7,1–28; 8,1–27) und daß es dieses Dasein durch seinen Ungehorsam gegenüber seinem Gott selbst verschuldet hat (Dan 9,11). Immer wieder überheben sich die Herrscher dieser Weltreiche in ihrer Hybris (Dan 4,1–34 u. a.), dennoch gibt es für Israel nicht die Möglichkeit zu offenem politischem Widerstand, zum Aufruhr, denn alle Herrschaft ist von Gott: »Er setzt Könige ab und setzt Könige ein« (Dan 2,21; vgl. 5,18); er ist »Herr ... über das Reich der Menschen und (kann) es geben ..., wem er will« (Dan 4,14). Nicht als billiger Trost, doch als hoffnungsvolle Perspektive besteht die Aussicht, daß die Zeit der Weltreiche begrenzt ist und der Ablauf ihrer Frist nahe bevorsteht (Dan 8,19; 12,5–13). Es ist Endzeit, eine Zeit voller Drangsale und Prüfungen, nach deren Ablauf Gott sein eigenes Reich, die Gottesherrschaft, aufrichten wird, an der alle Bewährten Anteil bekommen werden. Worauf es in dieser Stunde ankommt, ist: die eigene alternative Lebensform, auch um den Preis des Martyriums, selbst zur Weise des Widerstands werden zu lassen und andere zu werben, dies auch zu tun (Dan 11,33–35). Die Daniellegenden in den ersten 6 Kapiteln des Buches verdeutlichen exemplarisch, was dies für den Apokalyptiker hieß: von der Einhaltung der in der Thora vorgeschriebenen Speisegebote (Dan 1,8–16) bis hin zur Verweigerung illegitimen Kultes (Dan 3,1–30) und zur Praktizierung der rechten Gottesverehrung trotz Verbot machen sie eine Lebensform sichtbar, die jetzt schon vorwegnimmt, was die Gottesherrschaft bringen wird. Diese Einstellung hat das Verhalten auch der frühen Christen geprägt.
Prophetische Theologie, die notwendig politische und darum auch parteiliche Theologie ist, unterliegt von seiten der Kirchentheologie dem Verdikt »Heil und Wohlergehen, Unsichtbares und Sichtbares, Jenseits und Diesseits, Unverfügbares und Verfügbares – kurzum Gottesherrschaft ›nicht von dieser Welt‹ und Macht und durch Macht Machbares in dieser

Welt – in eins« zu setzen (A. H. J. Gunneweg/W. Schmithals, a.a.O., 52). Denn, so sieht es die Kirchentheologie: »staatliches Ordnen und Handeln ist keine prophetische Aufgabe, damals nicht und vollends nicht heute, wo niemand mehr legitimiert ist, seine politischen Stellungnahmen offen oder versteckt mit einem ›So spricht der Herr‹ einzuleiten« (R. Smend, a.a.O. 199). Dies mag vom Standpunkt der den Staat Leitenden und vom Standpunkt der Kirchenleitungen aus durchaus konsequent gedacht sein. *Aber wie soll man heute als Christ anders reden können als prophetisch*, wenn die wahren Lebensinteressen der Menschen bei den Maßgeblichen in der Gesellschaft gar nicht mehr wahrgenommen, mehr noch: unterdrückt werden? Wenn in Wahrheit der mahnende und werbende Ruf der Vernunft zur gemeinsamen Umkehr, solange es noch Zeit ist, dort schon längst verworfen ist. Wenn Verblendung regiert. Wenn unser aller elementares Überleben durch die von den Mächtigen in unserer Gesellschaft heraufbeschworenen Gefahren des atomaren Holocaust und des ökologischen Todes der Schöpfung endgültig in Frage steht und wenn jetzt schon Rassismus, Ausbeutung der 3. Welt, Hunger und Stellvertreterkriege ganze Völker fressen?

III

Neutestamentliche Traditionen von »Staatstheologie, Kirchentheologie und Prophetischer Theologie«

Im folgenden sollen die neutestamentlichen Texte und Sachverhalte, die für die drei Theologien eine Rolle spielen, dargestellt werden, und zwar so, daß ihre kontroverse Auslegung durch Kirchentheologie und prophetische Theologie gegenübergestellt wird. Durch diese Gegenüberstellung wird die Notwendigkeit einer Reflexion der historischen Methode und einer Reflexion des eigenen Standortes (also einer Hermeneutik der sozialen Analyse) sichtbar. Es handelt sich um folgende Texte und Sachverhalte des Neuen Testaments:

1. Röm 13,1–7 (hierher gehört auch Mk 12,13–17 parr; 1Petr 2,13–17 *und* Apk 13!).
2. Joh 18,36.
3. Das Feindesliebegebot und der Vergeltungsverzicht Mt 5,38–48 par (Röm 12,14–21); die Versöhnungsbotschaft.
4. Das Evangelium der Armen.
5. Die Hoffnungsinhalte.
6. Der Καιρός.

Alle hier aufgezählten Texte und Sachverhalte spielen direkt eine Rolle im KAIROS-Dokument, 1–3 vor allem als von der Staats- bzw. Kirchentheologie beschworene biblische Traditionen; 4–6 als Basistraditionen einer prophetischen Theologie.

1. »Jedermann soll sich den Gewalten, die die Macht haben, unterordnen«; »es gibt keine Gewalt, die nicht von Gott (eingesetzt) ist«; »die faktisch existierenden Gewalten (sind) von Gott eingesetzt« (Röm 13,1f).

Die obrigkeitstreue Auslegung von Röm 13,1–7 im deutschen Protestantismus, also die »staatstheologische« Auslegung, ist nach 1945 nicht mehr wirklich weitergeführt worden. An ihre Stelle trat eine Relativierung von Röm 13,1–7, die aber dann staats*ideologisch* ergänzt wird durch ein Bekenntnis zur Demokratie. Ich nenne ein Beispiel: »Im modernen demokratischen Staat ist das in Röm 13 vorausgesetzte Gegenüber von Herrschenden und Untertanen prinzipiell aufgehoben.« Dabei wird ein verschleierndes Idealbild vom demokratischen Willensbildungsprozeß gezeichnet: Kritik ist erwünscht, Obrigkeitsgehorsam soll nicht mehr einfältig-bejahende Hinnahme sein. »Andererseits wird es im Prozeß demokratischer Willensbildung immer notwendig sein, daß die Minderheit sich der Mehrheit unterordnet« (U. Wilckens, Der Brief an die Römer, 3. Teilband, Zürich usw. 1982, 42f; ein ähnliches Bild der Demokratie zeichnet die EKD-Denkschrift »Evangelische Kirche und freiheitliche Demokratie« 1985). Dieses Bild von der Demokratie ist ein Idealbild, das keiner sozialen Analyse standhält. Mehrheitsentscheidungen in unserer sogenannten Demokratie werden

auf vielfältige Weise manipuliert. In unserem Staat gibt es sehr wohl Herrschende und Beherrschte. Und die »Unterordnung« der sogenannten »Minderheit« unter die sogenannte »Mehrheit« geschieht unter Mißachtung der Menschenrechte, ob es sich um Flüchtlinge, Alte, Kinder, Arbeitslose, Frauen oder Sozialhilfeempfänger handelt.
Die bibelwissenschaftliche Relativierung von Röm 13,1–7 kann bei dieser staatsideologischen Auslegung auf verschiedene Weise geschehen, auch so, daß der »historische Ort« des Textes verantwortlich gemacht wird: Paulus sei wegen der Anarchie von Enthusiasten zu diesen Aussagen genötigt worden oder eine ausufernde Steuererpressung habe zur Zeit der Abfassung des Römerbriefes die stadtrömische Bevölkerung in Aufruhr versetzt (Belege s. bei L. Schottroff, »Gebt dem Kaiser, was dem Kaiser gehört ...«, in: J. Moltmann [Hg.], Annahme und Widerstand, München 1984, [15–58] 20). Solche Relativierungen des Textes sind jedoch nur scheinbare Alternativen zur obrigkeitstreuen Staatstheologie, da sie von staatsideologischen Demokratiebekenntnissen ohne soziale Analyse begleitet werden.
Die »prophetische« Alternative zu dieser Auslegung hat zweierlei zu berücksichtigen: 1. den »Sitz im Leben« der Gesellschaft dieses Textes, den gesellschaftlichen Kontext, und 2. die theologische Tradition der Gottesvorstellung in Röm 13,1–7 und bei Paulus.
Der »Sitz im Leben« ist die religiöse Loyalitätsforderung des römischen Staates. Die Religionspolitik Roms ist darauf gerichtet, unterworfene Völker der eigenen Macht zu integrieren. Sie dürfen ihre Religionen behalten, wenn sie ihrer heimischen Religion das religiöse Bekenntnis zu den Göttern Roms, z. B. zur Pax oder Roma hinzufügen. Für Juden und Christen bedeutete wegen des jüdisch-christlichen Monotheismus diese Loyalitätsforderung eine riskante Gratwanderung. Christen der ersten Jahrhunderte haben vor römischen Statthaltern ein Bekenntnis zum römischen Staat im Sinne von Röm 13,1–7 abgelegt und sind zum Tode verurteilt worden, weil dieses Bekenntnis eben nicht genügte. Gefordert war ein religiöses Bekenntnis, z. B. ein Opfer vor einem Kaisergenius (Plinius d. J. ep. X,96; Acta Scilitanorum; zum

Ganzen s. L. Schottroff a.a.O.). Christen waren tatsächlich der Meinung, daß ihre Lebensorientierung am Willen Gottes als dem »Guten« auch das »Gute« im Sinne des römischen Staates einschließe, da ja Diebstahl, Mord, Ehebruch usw. auch vom Staat sanktioniert wurden.

Damit war die staatliche Gewalt noch nicht im Sinne Gottes gerechte Gewalt. Sie war von Gott eingesetzte Gewalt, auch wenn sie ungerechte Macht ausübte. Die theologische Tradition, in die Röm 13 gehört, ist die der jüdischen Apokalyptik etwa des Danielbuches. Gott setzt Könige ein und er setzt sie auch ab. Es ist die Erfahrung des Volkes, daß die Könige ihre Macht in Hybris gebrauchen, besser: mißbrauchen. Es ist die Hoffnung des Volkes, daß Gott dieser Hybris ein Ende machen wird. Für die unter ihren Herrenvölkern leidenden Juden wie für die Christen im Römischen Reich ist Röm 13,1b ein tröstlicher Gedanke, denn Gottes Macht ist größer als die der Machthaber. »Gebt dem Kaiser, was dem Kaiser gehört ...« heißt im Zusammenhang der urchristlichen Praxis: zahlt Steuern, leistet keinen Widerstand im Sinne eines Putsches, begeht keinen Diebstahl, aber: »Gebt Gott, was Gott gehört«. Gott bestimmt, was gut und böse ist. Er ist der wahre König über die ganze Welt und den ganzen Menschen, ihm gehört alles, die ganze Gottesfurcht und das ganze Gotteslob (Röm 13,7b φόβος ist m. E. im Sinne von 1Petr 2,17 zu interpretieren). Die Grenze dessen, was der Kaiser fordern kann, ist durch Gott gesetzt. Er kann weder das Essen von Götzenopferfleisch fordern, noch den Besuch der Amphitheater, in denen Menschen getötet werden. Die Grenze der Loyalität war religiös definiert und traf damit präzise den kritischen Punkt, wo der römische Staat seine Macht bei den Menschen durchzusetzen versuchte, zum Bekenntnis der Bevölkerung zu machen versuchte. Die Hinrichtung Jesu und die Christenverfolgung wie jüdische Martyrien waren die Konsequenz aus dem jüdisch-christlichen Gottesverständnis.

Apk 13 steht nicht im Widerspruch zu Röm 13, sondern ist Ausdruck derselben Gottes- und Geschichtsvorstellung in einer Situation, in der die Loyalitätsbekenntnisse im Sinne von Röm 13 schon versagt haben.

2. »Mein Reich ist nicht von dieser Welt«

Dieser Satz Jesu vor Pilatus im Johannesevangelium wird als Kronzeuge für ein Christentum in Anspruch genommen, das politische Entscheidungen den Politikern überläßt, selbst aber politisch (angeblich) neutral bleibt, sein proprium jenseits dieser Welt sucht: zwar nicht aus der Welt ausgegrenzt, »aber unweltlicher Art« (R. Schnackenburg, Das Johannesevangelium III^2, Freiburg usw. 1976, 285). Weltlich ist die Politik, unweltlich – wenn auch in der Welt – das Königtum Christi.

Doch ist im Zusammenhang des Johannesevangeliums der Begriff »Welt« Gegenbegriff zu Gott. Der Κόσμος ist gottfeindlich. Jesu Königtum stammt von Gott, nicht vom Beherrscher dieser Welt. Εἶναι ἐκ ist bei Johannes zentrale theologische Bestimmung der Herkunft von Macht und Wesen Christi wie der Jüngerinnen und Jünger. Wir können Kinder Gottes oder Kinder der Welt sein. Dazwischen gibt es keinen neutralen Raum. Da wir im Glauben von der Macht der gottfeindlichen Welt befreit werden, sind wir nicht aus dieser Welt, so wie Jesu Königtum nicht aus dieser Welt ist. Die Jünger und Jüngerinnen wie Jesus erleben im Johannesevangelium harte politische Realitäten. Die Passionsgeschichte Jesu nach Johannes drückt eher noch härtere Erfahrungen politischer Unterdrückung aus als die synoptischen Evangelien. Aber die Gemeinde Jesu Christi hält dem stand in dem Bewußtsein, von der Macht dieses Kosmos nicht verschlungen werden zu können. Denn Christi Basileia ist nicht »von dieser Welt«. Seine Macht ist Gottes Macht, die die Macht der Todeswelt besiegt hat.

3. Feindesliebe, Vergeltungsverzicht und Versöhnungsbotschaft

Die Feindesliebeforderung Jesu in der Bergpredigt wird in der »kirchentheologischen« Auslegungstradition bis in die 60er Jahre individualistisch verstanden. Denkmodell der Versöhnung ist die Versöhnung zweier verfeindeter Nachbarn (s. L. Schottroff, Gewaltverzicht und Feindesliebe in der urchristlichen Jesustradition, in: Jesus Christus in Historie und

Theologie. Festschrift für Hans Conzelmann, Tübingen 1975, 197–221). Vor allem durch die Diskussion über den Antirassismusbeschluß des Ökumenischen Rats gewann die kirchentheologische Auslegung des Feindesliebegebotes im Sinne einer Forderung absoluten Gewaltverzichts breiten Boden, wobei allerdings mit Gewalt die Gewalt von unten gemeint ist, nicht die Gewalt etablierter Staaten und etablierten Militärs (z. B. Hengel, War Jesus Revolutionär?, Stuttgart 1970; ders., Gewalt und Gewaltlosigkeit, Stuttgart 1971).

Auch für die Feindesliebeforderung Jesu ist für eine Auslegung im Sinne »prophetischer Theologie« wiederum von der gesellschaftlichen Realität und der theologischen Tradition auszugehen, in die dieser Text gehört. »Liebe« ist in dieser Forderung austauschbar mit »Segen« und »Gebet«. Es geht bei der Feindesliebe um die Einbeziehung der Feinde in den von Gott geschenkten Gemeinschaftsraum, den Lebensraum der Schöpfung. Zu dieser Liebe gehören also Handlungen, die Gemeinschaft herzustellen versuchen. Eine gefühlsmäßige Liebe den Feinden gegenüber, so wie sie handeln, ist gerade nicht gemeint. Es geht um Veränderung der Feinde durch Segen, Gebet und Liebe. Die Feindschaft ist dabei nicht irgendeine Feindschaft, sondern klar definiert als die Feindschaft der Verfolger. Die Verfolgung der Propheten ist das Denkmodell. Die theologische Tradition des Judentums hat dieser Erfahrung immer wieder neu Ausdruck gegeben: So wie damals die Propheten Gottes verfolgt wurden, so machen sie auch heute die Erfahrung der Verfolgung. Jesus und seine Jüngerinnen und Jünger haben ihre eigene Verfolgungserfahrung im Lichte dieser Tradition gedeutet. Propheten setzen der Verstockung der Feinde Gottes ihr unermüdliches Rufen entgegen. Sie hören nicht auf zu schreien, daß Gott der Richter ist und niemand sonst. Die Feindesliebeforderung hängt eng mit der Gerichtsprophetie zusammen. Die Veränderung der Feinde Gottes durch Liebe, Segen, Gebet und Gerichtsankündigung meint also die Metanoia der Feinde. Diese Metanoia zielt darauf, daß die Verfolgten wie die Verfolger Kinder Gottes *werden*: durch Umkehr die einen, durch Liebe die anderen. Diese Liebe ist Nachahmung der Schöpferliebe und Barmherzigkeit Gottes (Mt 5,38–48 par). Die Umkehr der Feinde wird nicht durch Vergeltung, durch Widerstand mit denselben Mitteln, mit denen die Feinde die Propheten verfolgen, erreicht. Die andere Backe hinzuhalten (Mt 5,39) ist Ausdruck von Vergeltungsverzicht in diesem Sinne (vgl. auch Röm 12,14–21). Die andere Backe hinzuhalten, bedeutet gerade nicht demütige, passive Hinnahme von Unrecht, sondern Konfrontation des Täters mit seinem Unrecht vor dem Forum der Menschen und dem Forum Gottes: denn nach biblischem Verständnis sind die Propheten nicht mit den Verfolgern allein. Sie stehen gemeinsam vor Gottes Angesicht und handeln auch unter Menschen öffentlich. Die Öffentlichkeit des Redens und Handelns der Propheten wird im Neuen Testament immer wieder betont: Stadt auf dem Berge, Licht auf dem Leuchter (Mt 5,14–16). Prophetische Rede ist παρρησία, d. h. öffentliche Rede, die Widerstand gegen die Feinde Gottes leistet. Daß diese Rede Mut erfordert, daß überwundene Angst zum Weg der Propheten gehört, wird gerade dabei immer wieder ausgedrückt. Besonders das Markusevangelium ist ein Buch über die Macht der Angst, in der die Prophetinnen und Propheten Gottes unterzugehen drohen.

Die Umkehr der Feinde und die Liebe der Prophetinnen und Propheten, die die Angst überwinden, geschieht nicht in der isolierten Beziehung zwischen zwei »Parteien«, sie ist eingebunden in das Handeln Gottes, der durch Jesu Tod und Auferstehung die verlorene Menschheit mit sich versöhnt hat (Röm 5,10). Dieses Versöhnungsgeschehen setzt unter Menschen gerade nicht Konfliktscheu und Harmoniestreben in Gang, sondern den Mut zum offenen Bekenntnis, zum prophetischen Widerspruch und zum Widerstand gegen die Machenschaften Satans (Eph 6,10–17), des Todes und der Sünde als der Herren über die Welt.

4. Das Evangelium der Armen

Die kirchentheologische Auslegungstradition des Evangeliums der Armen zielt zunächst auf die Ausweitung des Wortes »arm« in Mt 5,3 par u. ä. Texten. In einem höheren, spiritualistischen Sinne sind wir alle »arm«, psychisch arm, arm vor Gott. Vor allem die Metapher: »vor Gott mit leeren Händen stehen« hat hier regelmäßig Verwendung gefunden. Gegenüber den Armen im ökonomischen Sinne gilt dabei das »christliche« Handlungsmodell der Almosen, der Gaben von oben nach unten, die den Geber nicht ernsthaft tangieren oder verändern. Auch wenn das Wort Almosen in diesem Zusammenhang durch das Wort »Solidarität« ersetzt wird (wie bei E. Lohse, ZNW 72, 1981, 51–64), so ist dabei Solidarität im Sinne einer Hilfe der Reichen für die Armen gedacht, die die Reichen nicht verändert.

Die prophetische Auslegung des Evangeliums der Armen ist unlösbar mit einer sozialen Analyse verbunden, die das Unrecht und die Gewalt des Reichtums der Reichen beim Namen nennt. Da diese Analyse auch heute immer noch auf die Einsichten in den Klassenkampf von oben, die Karl Marx hatte, angewiesen ist, ist hier der vitale Verbindungspunkt von marxistischer Analyse und prophetischer Theologie. Die biblische Analyse ist Vorgeschichte der Theorie von K. Marx, von dem aber seitdem prophetische Theologie sich bei der sozialen Analyse helfen läßt.

Das Handlungsmodell für die Reichen in der prophetischen Theologie ist die Umkehr. Die Umkehr der reichen Kirchen in den Industrieländern läßt noch immer auf sich warten.

Die Armut der Armen, von der das Evangelium der Armen im Neuen Testament spricht, ist tiefste Not; die Not der Armen ist Hunger, Ohnmacht, Krankheit und die so bedingte Unfähigkeit, Gott zu loben (zu dieser Auslegung von Mt 5,3 s. L. Schottroff in: L. und W. Schottroff, Mitarbeiter der Schöpfung, München 1983, 162–166). Die Armut wird theologisch begriffen, sie ist ein Skandal vor Gott. Gottes Handeln, sagt die Jesustradition wie schon Jesaja, fängt parteilich bei den Armen an. Er ist auf der Seite der Armen. An Gottes Gegenwart können die Reichen nur partizipieren, wenn sie an Gottes Parteilichkeit partizipieren. Wie das in unserer Gesellschaft auszusehen hat, ist in der Gemeinde der Christen und Christinnen zu diskutieren. Aber eines ist klar: Das parteiliche Handeln bleibt nicht im unangefochtenen Raum der Privatheit, unterhalb der politischen Konfliktgrenzen. Das Evangelium der Armen bedeutet für die Reichen tiefe Verunsicherung. Aber die Parteilichkeit Gottes steht nicht nur als riesige Forderungsstruktur vor ihnen, sondern auch als Verheißung der Nähe Gottes, als Verheißung, Kinder Gottes werden zu können.

5. Die Hoffnungsinhalte

Die christliche Hoffnung wird in der Kirchentheologie zwar oft beschworen, aber ihre Inhalte sind schlicht unbiblisch: entweder die Hoffnung auf ein Nachleben nach dem individuellen Tode, also eine Variante der Hoffnung auf die Unsterblichkeit der Seelen – oder ein Gottvertrauen, das die Angst vor der Zukunft hinter sich läßt, aber diese Zukunft passiv auf sich zukommen läßt, da sie »unverfügbar« ist (s. etwa R. Bultmann, Theologie des Neuen Testaments, Tübingen 1954 u. ö., § 35). Die Handgreiflichkeit der jüdisch-christlichen Eschatologie wurde dabei entmythologisiert. Nun werden heutige Menschen nicht alle Hoffnungsbilder der jüdisch-christlichen Eschatologie unübersetzt übernehmen können, insofern behält »Entmythologisierung« weiter Bedeutung. Aber eben nur als Übersetzungshilfe. R. Bultmann übersetzte das Neue Testament in den Horizont eines Ingenieurs der Industriestaaten der zwanziger bis fünfziger Jahre dieses Jahrhunderts, der mit seinem naturwissenschaftlichen Horizont die Posaunen beim Jüngsten Gericht nicht ernstnehmen konnte. Die apokalyptischen Schrecken der jüdisch-christlichen Eschatologie bedürfen heute überhaupt keiner Übersetzung oder Entmythologisierung mehr. Sie formulieren vielmehr die Ängste, die heute nahezu alle Menschen haben. Entscheidend ist heute, daß es prophetischer Theologie gelingt, Hoffnung auf Gottes Verheißung und eine von Gott bestimmte Zukunft für die ganze Welt zu verkündigen und zu leben. Die Glaubwürdigkeit christlicher Hoffnungsbotschaft hängt an ihrer Praxis. Hoffe ich auf den Sieg des »freien Westens« nach der Apokalypse, dann häufe ich Atomwaffen auf. Hoffe ich nur noch auf das Jenseits, da das Diesseits hoffnungslos zerstört ist, dann gönne ich mir den Luxus des psychischen Individual- oder Gruppenglücks. Hoffe ich auf Gottes Gerechtigkeit für alle Menschen, dann beteilige ich mich am Kampf für die Gerechtigkeit und seien die Erfolge auch noch so klein.

6. Der KAIROS

Das KAIROS-Papier will uns reichen Christen und Christinnen die Notwendigkeit der Entscheidung klar machen; darum wird vom Καιρός, der Stunde der Entscheidung geredet. Der Καιρός ist nach biblischem Verständnis der Zeitpunkt nach der Nacht, der Zeitpunkt, wo es gilt, aus dem Schlafe aufzustehen (Röm 13,11–14). Der KAIROS fordert eine Entscheidung, die nicht einfach ist und Konflikte bringt. Der KAIROS zwingt uns, Gerichtspropheten für uns selbst und unsere Mitmenschen zu werden, er zwingt uns, die Angst zu überwinden und zu kämpfen. Aber der KAIROS ist der Augenblick der Hoffnung. Der KAIROS ist der Beginn des Tages, in dessen Licht wir die Schritte in die Befreiung gemeinsam zu tun in der Lage sind. Der KAIROS fordert von uns als einzelnen Entscheidungen, aber auch die viel härteren Entscheidungen von unseren kirchlichen Institutionen. Es geht nicht mehr so weiter, daß unsere Kirche mit der Industrie im »Frieden« leben kann *und* davon redet, Rassismus sei Sünde. Beides hat sich als unvereinbar erwiesen. Diese Stunde der Wahrheit ist unangenehm auch für uns, die nicht kirchenleitende Ämter innehaben. Aber noch einmal: Nach biblischem Verständnis ist die Stunde der Wahrheit auch die Stunde der Hoffnung.

Willy Schottroff

Gerechtigkeit und Macht

I

»Gerechtigkeit« als gesellschaftliche Ideologie

Ein bekanntes Sprichwort aus der hebräischen Bibel lautet: »Gerechtigkeit erhöht ein Volk, aber Sünde bringt Nationen Schande« (Spr 14,34). *Gerechtigkeit*, hebräisch ṣ^{e}daqā[1], erscheint hier als der *Grundwert einer Gesellschaft schlechthin*. Deshalb knüpft der erste Teil dieses Sprichworts an ihre Verwirklichung Ansehen und Gedeihen eines Volkes. Diese Auffassung steht im Alten Testament nicht vereinzelt da, sondern gehört zu den Grundüberzeugungen der hebräischen Bibel. In der prophetischen Literatur wird diese Einsicht etwa in Jes 1,27f folgendermaßen umschrieben: »Zion wird durch Recht (mišpaṭ) gerettet werden und seine Umkehrenden durch Gerechtigkeit (ṣ^{e}daqā); aber Verderben ereilt Abtrünnige und Sünder zugleich, und die Jahwe verlassen, kommen um.« Mit z. T. etwas anderer Terminologie begegnet der gleiche Gedanke auch in Am 5,14f.24 und in Mi 6,8, um nur einige weitere Stellen zu nennen.

Im Unterschied zur prophetischen Literatur, auf die noch eigens zurückzukommen ist[2], wird jedoch in der älteren Spruchweisheit Israels sowie in den Königspsalmen und in den dem Königtum freundlich gegenüberstehenden Teilen der historischen Überlieferungen des Alten Testaments dieser Grundkonsens mit einer bestimmten *Voraussetzung* verbunden: Daß Gerechtigkeit überhaupt verwirklicht werden

1 Zur inhaltlichen Füllung dieses wie der im folgenden zitierten hebräischen Ausdrücke vgl. im einzelnen die betreffenden (auch den Nicht-Hebraisten verständlichen) Artikel in E. Jenni-C. Westermann (Hg.), Theologisches Handwörterbuch zum Alten Testament I–II, München-Zürich 1971–1976. Beim Auffinden der Begriffe ist das (in II, 543–564) dem Werk beigegebene hebräische Wörterverzeichnis in Umschrift hilfreich.

2 S. Abschnitt II und III.

kann, hat nämlich für das Bewußtsein der Verfasser der in Spr 10–29 enthaltenen Spruchsammlungen und damit zugleich auch für das eingangs zitierte Sprichwort *die Existenz eines geordneten Staatswesens mit monarchischer Spitze* zur Vorbedingung. Vom König ist in diesen Kapiteln, die wohl noch während der israelitischen Königszeit entstanden sind, relativ häufig, immerhin 19 mal, die Rede. Die Sorge für die Gerechtigkeit im Lande erscheint hier geradezu als seine Hauptaufgabe.[3] Gerechtigkeit, so hören wir mehrfach in Spr 10–29, ist das Fundament seines Thrones.[4] Durch sie verschafft er seinem Thron sogar erst auf Dauer Bestand (Spr 16,12; 20,28; 29,14). Vergleichbare Gedanken gelangen z. B. auch in Ps 72,1–4 zum Ausdruck.

Die Macht des Königs verbürgt in diesem Zusammenhang in erster Linie die *Rechtssicherheit im Lande*. Seine Macht richtet sich insbesondere gegen jeden Willkürakt, der, wie es der zweite Teil des in Spr 14,34 überlieferten Sprichworts formuliert, als gravierende Verfehlung (ḥătta't) der eigenen Nation Schande bereiten könnte, weil es sich um eine schimpfliche Tat (zimmā ûn^{e}balā) handelt (Ri 20,6), die »man in Israel nicht tut« (2Sam 13,12). Im Blick stehen dabei Frevel wie beispielsweise der von einem gewissen Micha auf dem Gebirge Ephraim begründete illegitime Kult bei einem Gottesbild, das er aus gestohlenem Silber hatte anfertigen lassen, und der Raub dieses Bildes durch die Daniten, die es fortan als Stammesidol verehrten (Ri 18). Oder auch die an das frevelhafte Verhalten der Leute von Sodom (Gen 19,1–11) erinnernde Schandtat der Benjaminiten von Gibea, die sich in schlimmer Absicht an einen in ihren Mauern nächtigenden durchreisenden Leviten heranmachten und seine Nebenfrau

3 Zum sehr viel begrenzteren faktischen Anteil, den das Königtum in Israel und Juda an der Rechtspflege hatte, s. G. C. Macholz, Die Stellung des Königs in der israelitischen Gerichtsverfassung, Zeitschrift für die alttestamentliche Wissenschaft 84 (1972), 156–182, und: ders., Zur Geschichte der Justizorganisation in Juda, ebenda, 314–340.

4 Es unterstriche nur die gleich noch darzustellende Internationalität dieser Ideologie, wenn die hier anklingende Vorstellung auf eine ägyptische Anschauung zurückginge, s. H. Brunner, Gerechtigkeit als Fundament des Thrones, Vetus Testamentum 8 (1958), 426–428. Doch vgl. dazu kritisch: Z. W. Falk, Two Symbols of Justice, ebenda 10 (1960), 72–74.

zu Tode vergewaltigten (Ri 19; vgl. 20, 3b–6). Daß sich diese willkürlichen Übergriffe überhaupt ereignen konnten, führen die Verfasser der in Ri 17–21 enthaltenen Anhänge zum Richterbuch auf das Fehlen eines starken Königtums und die damit gegebene Rechtsunsicherheit im Lande zurück: »In jenen Tagen gab es noch keinen König in Israel; ein jeder tat, was ihm in seinen Augen als richtig erschien« (Ri 17,6; 18,1; 19,1; 21,25).[5] Die Bestechlichkeit der Söhne Samuels als Richter über Israel und die von ihnen praktizierte Rechtsbeugung ließ nach der Darstellung von 1Sam 8,1–5 bei den Israeliten schließlich den Ruf nach einem König aufkommen, »der uns richte (špṭ), wie es bei allen Völkern der Brauch ist« (1Sam 8,5, vgl. auch V. 19f).[6]

Nach der Auffassung derjenigen Partien der hebräischen Bibel, die sich um eine Legitimation der Institution des Königtums bemühen, schließen gerechte Zustände, wie sie die Monarchie nach ihrem eigenen Anspruch verbürgt, aber nicht nur negativ Willkür und Anarchie aus. Vielmehr ist diesem Anspruch zufolge der von Gott im Himmel vom Anfang der Welt her intendierte und vom König als seinem Mandatar auf Erden immer wieder erneut herzustellende Zustand der Gerechtigkeit darüber hinaus auch positiv auf die *»heilvolle und hilfreiche Geordnetheit der Dinge im Himmel und auf Erden«* gerichtet.[7] Diese Ordnung ist so umfassend gedacht, daß sie im Bereich der Natur Fruchtbarkeit, reichlichen Re-

5 Zum Hintergrund von Ri 17–21 und zu der in diesen Kapiteln zum Ausdruck gelangenden starken prokoniglichen Tendenz s. F. Crüsemann, Der Widerstand gegen das Königtum. Die antikönigliche Tendenz des Alten Testamentes und der Kampf um den frühen israelitischen Staat, Neukirchen-Vluyn 1978, 155–167.

6 In den Überlieferungen über die Entstehung des Königtums in Israel, wird dieses nur hier mit dem Wunsch nach einem König als Garanten des Rechts begründet; sonst steht das Erfordernis einer starken und beständigen militärischen Führung in den vielfältigen Bedrohungen, denen Israel damals durch äußere Feinde, besonders die Philister, ausgesetzt war (s. dazu zusammenfassend 1Sam 14,47f.52), ausschließlich im Vordergrund.

7 F. Horst, Recht und Religion im Bereich des Alten Testaments, in: ders., Gottes Recht. Gesammelte Studien zum Recht im Alten Testament, München 1961 [260–291] 291. Zur Sache s. insbesondere H. H. Schmid, Gerechtigkeit als Weltordnung. Hintergrund und Geschichte des altorientalischen Gerechtigkeitsbegriffes, Tübingen 1968.

gen und Gedeihen der Ernten (Ps 65,6–14, vgl. die in Ps 72,6f gebrauchten Bilder) und im Blick auf die Völkerwelt den Sieg über etwaige Feinde (Ps 48,5–12; 129,4f, vgl. Ps 2 und 110) mit einschließt. Vor allem aber betrifft sie die menschliche Gesellschaft und ihre Gestaltung. Ebenso, wie jedes Ding der hier vorwaltenden Anschauung zufolge von der Schöpfung her im Kosmos seine bestimmte ihm zugewiesene Stelle besitzt, kommt auch jedem einzelnen Menschen innerhalb der gesellschaftlichen Ordnung ein ihm vorgegebener Rang und Platz zu (vgl. Spr 22,2; 29,13).[8] Es ist kein gleicher Anteil, der dem einzelnen an den gesellschaftlichen Pflichten, Gütern und Ehren zusteht, vielmehr wird jedem abgestuft nach seinem Rang das ihm Gebührende zuteil.[9] Da dieses den an der Basis der sozialen Pyramide Angesiedelten aber leicht streitig gemacht werden kann, gilt die Fürsorge des Königs dem von ihm selbst erhobenen Anspruch nach in besonderem Maße den sozial schwachen unteren Schichten der Bevölkerung und innerhalb dieser wiederum vor allem den personae miserae par excellence: nämlich den Witwen und Waisen[10] sowie

8 Dieser Ansicht gibt in der römischen Literatur die bekannte Fabel vom Leib und den Gliedern klassischen Ausdruck, die im Jahre 494 vChr. Menenius Agrippa bei seinen Verhandlungen mit der aus der Stadt Rom auf den Heiligen Berg ausgezogenen Plebs vorgetragen haben soll, vgl. T. Livius, Ab urbe condita II.32.8–12. Im Zweistromland schärft vor allem die seit dem ausgehenden 3. Jahrtausend belegte Gattung der Rangstreitdichtungen diese Lehre ein, s. J. J. A. van Dyk, La sagesse suméro-accadienne. Recherches sur les genres littéraires des textes sapientiaux (Commentationes orientales 1), Leiden 1953, 150–212; in deutscher Übersetzung findet sich ein Beispiel dieser Textgattung bei H. Greßmann (Hg.), Altorientalische Texte zum Alten Testament, Berlin-Leipzig ²1926, 294f.

9 Das dieser Gesellschaftsordnung korrespondierende Prinzip von Gerechtigkeit wird von dem aristotelischen Grundsatz des »Suum Cuique« adäquat wiedergegeben. Vgl. dazu die Vergegenwärtigung, die J. Pieper, Über die Gerechtigkeit, München 1953, 75–111, unter der Überschrift: »Die Gerechtigkeit des Regierens« mit dem Begriff der iustitia distributiva bei Aristoteles und Thomas von Aquin vornimmt.

10 Zur paradigmatischen Bedeutung, die dem Paar »Witwen und Waisen« in diesem Zusammenhang zukommt, s. F. C. Fensham, Widow, Orphan, and the Poor in Ancient Near Eastern Legal und Wisdom Literature, Journal of Near Eastern Studies 21 (1962), 129–139; J. Weiler, Zum Schicksal der Witwen und Waisen bei den Völkern der Alten Welt, Saeculum 31 (1980), 157–193.

ganz allgemein den Armen und Geringen (Ps 72,2–4.12–14; Spr 29,14; 31,8f). Daran, daß ihnen das Recht, das ihnen zusteht, auch tatsächlich zuteil wird, ist nach der hier herrschenden Anschauung beispielhaft die Gerechtigkeit der gesellschaftlichen Ordnung abzulesen. Konkret geht es darum, daß Fremdlinge, Witwen und Waisen nicht unterdrückt und ausgebeutet oder um das Ihre gebracht (Ex 22,20f; 23,9; Lev 19,33f; Dtn 24,17f; 27,19; Spr 15,25; 23,10f) und die Armen und Geringen im Rechtsverfahren weder begünstigt noch benachteiligt werden (Ex 23,3.6; Lev 19,15; Spr 22,23).

Mit dieser Argumentation bewegt sich die Hoftheologie in den Reichen Juda und Israel, die sich an den genannten Stellen ausspricht, in den Bahnen einer breit belegten altorientalischen *Königsideologie*. So rühmt sich beispielsweise der in der 1. Hälfte des 1. Jahrtausends vChr. anzusetzende kilikische Herrscher Azitawadda in seinen Inschriften aus Karatepe u. a. mit den folgenden Worten, in seinem Reich einen umfassenden Zustand des Friedens, der Gerechtigkeit und des Wohlstands aufgerichtet zu haben (vgl. dazu 1Kön 3,4–5,14): »... Baal machte mich den Danunäern zum Vater und zur Mutter. Aufleben ließ ich die Danunäer. Weit machte ich das Land der Ebene von Adana vom Osten bis zum Westen. Und die Danunäer hatten in meinen Tagen jeden Wohlstand, dazu Sättigung und Wohlsein ... Und ich zerbrach die Übermütigen, und ich zerschlug all das Böse, das im Land gewesen war, ... und machte Frieden mit jedem König. Und sogar unter die Väter rechnete mich jeder König wegen meiner Gerechtigkeit, Weisheit und Herzensgüte ...«[11] Speziell die Aussage, der König sei von dem Hauptgott im Pantheon seines Reiches oder mehreren dafür in Frage kommenden Göttern berufen worden oder habe mit ihnen einen Vertrag geschlossen, dafür zu sorgen, »daß der Waise und der Witwe der Mächtige nichts antue«, begegnet zum ersten Mal bei dem sumerischen König Urukagina von Lagaš (ca. 2355 vChr).[12]

11 Übersetzung von H. P. Müller in: O. Kaiser (Hg.), Texte aus der Umwelt des Alten Testaments I. Rechts- und Wirtschaftsurkunden. Historisch-chronologische Texte, Gütersloh 1982–1985, 641f (Auszüge). S. dazu M. G. A. Guzzo, Le roi qui fait vivre son peuple dans les inscriptions phéniciennes, Die Welt des Orients 15 (1984), 109–118.

Sie wird in der Folgezeit von den Herrschern Vorderasiens immer wieder aufgegriffen und zur Legitimation ihrer Herrschaft benutzt. So betont – gut ein halbes Jahrtausend später – etwa König Ḫammurapi von Babylon (1792–1750 vChr.) im Prolog seines Gesetzeskodex, die Götter Anu und Enlil hätten ihn berufen, »um Gerechtigkeit im Lande sichtbar zu machen, den Bösen und den Schlimmen zu vernichten, den Schwachen vom Starken nicht schädigen zu lassen.«[13] Der Verstoß gegen diese sozialen Herrscherpflichten kann einen Aufstand heraufbeschwören und die Thronenthebung des betreffenden Königs zur Folge haben. So richtet in dem aus der Mitte des 2. Jahrtausends vChr. stammenden Keret-Epos aus der nordsyrischen Hafenstadt Ugarit der älteste Sohn und Thronfolger des Titelhelden an diesen die drohenden Worte: »Nicht verschaffst du Recht der Witwe, nicht richtest du die Rechtssache des in seinem Leben Bedrohten, nicht wirfst du nieder diejenigen, die den Armen bedrücken ... Steig herab vom Königsthron! Ich will König sein!«[14]

II

Gesellschaftliche Macht und die Gestaltung der Wirklichkeit

Das *Moment an Realität*, das dieser Ideologie zugrunde liegt, ist – wie bei allen derartigen Ideologien damals wie heute –, gemessen an ihrem hohen Anspruch, relativ bescheiden. Beim Kodex Ḫammurapi etwa handelte es sich keineswegs um ein fortan in Babylon verbindliches Gesetzbuch im modernen Sinn, durch das die gesamte Rechtsordnung im Lande auf einen neuen Grund gestellt worden wäre. Er stellt viel-

12 In den Berichten über dessen Sozialreformen, s. dazu S. N. Kramer, The Sumerians. Their History, Culture, and Character, Chicago 1963, 79–83. 317–322, und vgl. W. von Soden, Herrscher im alten Orient, Berlin-Göttingen-Heidelberg 1954, 11–14 (das im Text gebotene Zitat findet sich hier 13).
13 Übersetzung von R. Borger in: O. Kaiser (Hg.), a.a.O. I, 40.
14 Übersetzung von K.-H. Bernhardt in: W. Beyerlin (Hg.) Religionsgeschichtliches Textbuch zum Alten Testament, Göttingen 1975, 242. Vgl. dazu 2Sam 15,2–6 als Analogie.

mehr nur die Sammlung einer Anzahl von Präzedenzentscheidungen aus der Rechtssprechung des Königs in Streitfällen dar, die in besonderem Maße sein eigenes Interesse und damit auch das des Staates betrafen.[15] Da dem Kodex Ḫammurapi dieser Charakter eignet und seinen Bestimmungen keine unmittelbare Gesetzeskraft zukam, konnte sich das in ihm enthaltene Recht höchstens perspektivisch als Orientierungsgröße auf die Gestaltung der realen Verhältnisse im Lande auswirken, jedoch keinen direkten Umbruch bewirken. Soweit der Kodex jedoch Regelungen zugunsten der Angehörigen jener sozial schwachen Schichten enthält, auf die sich der König ökonomisch und militärisch vor allem stützte, rechtfertigt er allerdings in gewisser Weise den von Ḫammurapi erhobenen Anspruch, er habe seine Gesetzesstele öffentlich aufstellen lassen, »damit der Starke den Schwachen nicht schädigt, um der Witwe und der Waise zu ihrem Recht zu verhelfen.«[16] Mehr noch gilt dies mit Recht von den seit Urukagina von Lagaš (s. oben) belegten mīšarum- und andurārum-Akten babylonischer und assyrischer Könige d. h. sozialen Reformmaßnahmen, die durch die Annullierung privater Darlehen, den Erlaß öffentlicher Abgaben und Lasten sowie die Aufhebung von Schuldknechtschaft der Verelendung breiter Volksschichten entgegenzuwirken suchten (vgl. als biblische Gegenstücke: Jer 34,8–22; Neh 5,1–13 und s. auch Ex 21,2–11; 23,10f; Dtn 15,1–18; Lev 25,1–7.8–55).[17] Durch diese Maßnahme, die sie gegen

15 Vgl. dazu R. Renger, Hammurapis Stele ›König der Gerechtigkeit‹. Zur Frage von Recht und Gesetz in der altbabylonischen Zeit, Die Welt des Orients 8 (1975–1976), 228–240.

16 O. Kaiser (Hg.), a.a.O. I, 76. Zur Sache vgl. H. Klengel, Hammurapi von Babylon und seine Zeit, Berlin 1977, bes. 96–103.

17 Zu den babylonischen und assyrischen mīšarum-(»Gerechtigkeit«) und andurārum – (»Freistellung von Abgaben« = hebr. d^{e}rôr »Freilassung«) Akten s. F. R. Kraus, Ein Edikt des Königs Ammi-ṣaduqua von Babylon, Leiden 1958; J. Lewy, The Biblical Institution of d^{e}rôr in the Light of Accadian Documents, Eretz Israel 5 (1958), 21*–31*. Für die an den im Text genannten Stellen belegten biblischen Gegenstücke s. W. Schottroff, Arbeit und sozialer Konflikt im nachexilischen Juda, in: L. u. W. Schottroff (Hg.), Mitarbeiter der Schöpfung. Bibel und Arbeitswelt, München 1983, 104–148 bes. 136ff; H. G. Kippenberg, Die Entlassung aus Schuldknechtschaft im antiken

die unmittelbaren Interessen der Angehörigen der maßgeblichen Schichten der Gesellschaft und oft wohl auch gegen einen erheblichen Widerstand von dieser Seite durchsetzen mußten (vgl. Jer 34,8–22 und Neh 5/6!), versuchten die Herrscher einen gewissen Ausgleich zwischen den sozialen Klassen herbeizuführen und für die unteren Schichten das ärgste zu verhindern.

Doch kann weder diese Ideologie noch das Bündel von Maßnahmen, das ergriffen wurde, um dem Auseinanderdriften der Gesellschaft – im Effekt freilich wenig wirksam – zu begegnen, ernsthaft darüber hinwegtäuschen, daß in Israel wie anderswo die Entstehung des Staates und damit *das Königtum selbst maßgeblich am Aufkommen der sozialen Differenzierung beteiligt* war.[18] Vergegenwärtigt man sich nämlich die soziale Verfassung des im Lande Kanaan ansässig gewordenen vorstaatlichen Israel, so steht man vor einer segmentären bzw. Stammesgesellschaft, einem »Gemeinwesen ohne Obrigkeit«[19], in dem die Beziehungen zwischen den einzelnen Gliedern durch Verwandtschafts- und nicht durch hierarchisch abgestufte Herrschafts- und Eigentumsverhältnisse geregelt wurden. Unbeschadet der Tatsachen, daß es auch hier eine Ungleichheit der Geschlechter, einen dem Alter eingeräumten Vorrang, eine weitreichende Verfügungsgewalt des pater familias über die ihm Zugehörigen und eine gewisse Vorzugsstellung bestimmter führender Geschlechter oder auch von Spezialisten und Experten (wie z. B. von Richtern,

Judäa: Eine Legitimitätsvorstellung von Verwandtengruppen, in: G. Kehrer (Hg.), ›Vor Gott sind alle gleich‹. Soziale Gleichheit, soziale Ungleichheit und die Religionen, Düsseldorf 1983, 74–104.

18 Vgl. dazu grundlegend: A. Alt, Der Anteil des Königtums an der sozialen Entwicklung in den Reichen Israel und Juda, in: ders., Kleine Schriften zur Geschichte des Volkes Israel III, München 1959, 348–372, und neuerdings vor allem F. Crüsemann, a.a.O. (s. oben Anm. 5), bes. 194–222, ferner meinen Aufsatz: Der Prophet Amos. Versuch der Würdigung seines Auftretens unter sozialgeschichtlichem Aspekt, in: W. Schottroff/W. Stegemann (Hg.), Der Gott der kleinen Leute. Sozialgeschichtliche Bibelauslegungen I. Altes Testament, München-Gelnhausen 1979, 39–66.

19 So der Titel einer 1900 erschienenen, der »akephalen« Gesellschaft der alten Araber und des vorstaatlichen Israel geltenden kleinen Studie von J. Wellhausen.

Priester usw.) gab, verstand sich diese Gesellschaft doch prinzipiell als egalitär und war es auch, wenn man die Gleichheit der Rechte und Pflichten der freien männlichen Vollbürger in Betracht zieht. Diese betrafen außer der Heerbannfolge und der Teilnahme am Rechtsleben und am Kult vor allem einen Anteil an Grund und Boden (vgl. dazu Neh 2,20). Dieser wurzelte in den Landnahmevorgängen und war den einzelnen Sippen und Familien – unter Berücksichtigung der unterschiedlichen Kopfstärke – möglichst gleich zugemessen worden (Num 26,52–56; 33,54).[20] Er galt als unveräußerlicher Erbbesitz (naḥ^{a}lā, vgl. Lev 25,23–28), der nur weitervererbt werden durfte und allenfalls – in Notfällen – verpfändet werden konnte. Gewiß gab es, bedingt durch mancherlei Wechselfälle wie unterschiedliches Geschick in der Bewirtschaftung des Bodens, Mißernten, Folgen von Seuchen und Krankheiten oder auch Kriegszügen u. a., schon früh Unterschiede zwischen Reichen (1Sam 25,2) und Armen (Ri 9,4; 1Sam 22,2), aber ein einschneidender, die Orientierung an Gleichheitsnormen tangierender gesellschaftlicher Umgestaltungsprozeß setzte doch erst ein, als man in Israel unter dem Druck äußerer Bedrohung durch Feinde zur Staatenbildung schritt.[21] Noch nicht so sehr das primär auf die eigene Verwandtschaft und den Stamm Benjamin gestützte Heerkönigtum Sauls als vielmehr die planmäßige Machtbildung Davids und Salomos bewirkte diesen Wandel. Die neue Institution mit ihrer stehenden Truppe spezialisierter Berufskrieger (2Sam 23,8–39; vgl. 1Chr 11,11–47) und dem rasch anwachsenden Verwaltungsstab (2Sam 8, 15–18; 20,23–26; 1Kön 4,1–19; vgl. 1Chr 18,14–17) bot nun vielfältige Aufstiegsmöglichkeiten und führte zur Ausbildung einer militärisch-administrativen Oberschicht in der Hauptstadt und anderen zentralen Orten des Reiches bzw. – nach der Reichsteilung – in den Teilreichen Juda und Israel – und damit zu einer vertikalen Schichtung der Bevölkerung. Die zahlreichen Aufwendungen, welche die Hofhaltung, der Kult, die Verwaltung

20 Vgl. auch den aus Mi 2,2 zu gewinnenden Grundsatz: »Ein Mann – ein Haus – ein Bodenanteil (naḥ^{a}lā).«
21 S. oben Anm. 6 .

und die stehende Truppe erforderten, führten andererseits zu verstärkter Ausbildung von Krongut.[22] Diese erfolgte nicht immer nur auf eine Weise, die als legal empfunden wurde, durch Aneignung landwirtschaftlicher Anwesen in eroberten Gebieten, durch Kauf in kanaanäischen Enklaven (2Sam 24,24;1Kön 16,24; vgl. Gen 23,1–20), durch Einzug herrenloser Liegenschaften (2Kön 8,1–6) oder durch Konfiskation des Landes von Verbrechern, die wegen eines Kapitalvergehens verurteilt worden waren (1Kön 21,8–16); vielmehr zeigt gerade der eben angeführte Fall Nabots (1Kön 21), daß es dabei auch zu willkürlichen Übergriffen kam.[23] Darüber hinaus wurden die den freien Bauern zur Versorgung des Hofes nun auferlegten Naturalabgaben (1Kön 5,2f.7f) sowie die sonstigen von ihnen geforderten Dienstleistungen, die der König beanspruchte (vgl. 1Sam 8,11–17), von ihnen als drückende Eingriffe in ihre angestammten Rechte empfunden. Die zeitlich ausgedehnten Eroberungskriege Davids und die mit ihnen verbundene, zu Lasten der eigenen Wirtschaft gehende Heerbannpflicht (vgl. 2Sam 5,17–25; 8,1–14; 10,1–12,31) sowie die umfangreichen Baumaßnahmen vor allem Salomos (1Kön 5,15–7,51; 9,15–24; vgl. 2Chr 1,18–5,1; 8,1–11) und die mit ihnen verbundenen Frondienste (vgl. 1Kön 5,27–32 gegen 9,22; 2Chr 8,9), führten schon unter David zu Aufständen wohl gerade bei den wohlhabenden bäuerlichen Schichten des Nordreichs (vgl. 2Sam 20,1–22 und für Salomo: 1Kön 11,26–40) und nach Salomos Tod zum Zerfall des geeinten Reiches (1Kön 12,1–19). Es ist anzunehmen, daß die in der Bevölkerung als hart und ungerecht empfundene Frondienstpraxis während der ganzen Königszeit geübt wurde: noch Jeremia wirft König Jojakim (608–598 vChr.)

22 Vgl. M. Noth, Das Krongut der israelitischen Könige und seine Verwaltung, in: ders., Aufsätze zur biblischen Landes- und Altertumskunde I, Neukirchen-Vluyn 1971, 159–182; P. Welten, Die Königs-Stempel. Ein Beitrag zur Militärpolitik Judas unter Ḥiskia und Josia, Wiesbaden 1969.

23 Im Hintergrund des in 1Kön 21,1–7 geschilderten Konflikts steht wohl der Unterschied zwischen dem freizügigen kanaanäischen Bodenrecht und dem andersgearteten israelitischen auf dem Boden des Nordreichs Israel, s. dazu K. Baltzer, Naboths Weinberg (1Kön 21). Der Konflikt zwischen israelitischem und kanaanäischem Bodenrecht, Wort und Dienst NF8 (1965), 73–88.

vor, er habe »seinen Palast mit Ungerechtigkeit und seine Obergemächer mit Unrecht« erbaut, weil er seinen Nächsten umsonst habe arbeiten lassen und ihm seinen Lohn vorenthalten habe (Jer 22,13–17).[24] Aber nicht nur das Königtum selbst konnte jetzt einen, was vor allem Salomo angeht, geradezu sprichwörtlich gewordenen Reichtum aufhäufen (1Kön 10,14–25 = Chr 9,13–24; vgl. Pred 2,4–10 und s. dagegen Dtn 17,17!), während in der Folgezeit die unausbleiblichen negativen Konsequenzen seiner außenpolitischen Eskapaden und Fehlentscheidungen, nämlich die namhaften Tributleistungen an die jeweiligen Schutz- und Siegermächte, in der Regel wohl in erster Linie auf dem Wege steuerlicher Umlagen zu Lasten der breiten Bevölkerung gingen (vgl. 2Kön 15,19f; 23,35).[25] Vielmehr profitierte nun *auch die neugebildete städtische Oberschicht* auf ihre Weise von den Möglichkeiten, die sich ihr in dem jungen Staatswesen für die Ansammlung von Reichtum boten. Es ist anzunehmen, daß sich auf die Dauer der Zeit ebenfalls Angehörige jener Geschlechter mehr und mehr an diesem Streben nach Bereicherung beteiligten, die dem Königtum als neuer Institution zunächst kritisch und ablehnend gegenübergestanden hatten. Das Er-

24 Fronarbeit wird in Juda durch 1Kön 15,22 = 2Chr 16,6; Jer 41,9 auch für die Regierungszeit Asas (908–868 vChr.) belegt. Aus der Regierungszeit Josias (639–609 vChr.) ist uns das Siegel des mit der Aufsicht über die Frondienste betrauten königlichen Beamten (ʾšr ʿl hms) erhalten geblieben, vgl. N. Avigad, The Chief of the Corvée, Israel Exploration Journal 30 (1980), 170–173, und das aus der gleichen Zeit stammende Ostrakon von Jabne-Yam stellt wohl eine Eingabe eines auf einer königlichen Domäne im Frondienst eingesetzten judäischen Erntearbeiters dar, s. O. Kaiser (Hg.), a.a.O. I, 249f, und vgl. dazu F. Crüsemann, ». . . damit er dich segne in allem Tun deiner Hand . . .« (Dtn 14,29), in: L. u. W. Schottroff (Hg.), a.a.O., 72–103. Auch für die nachexilische Zeit (Beginn der 2. Hälfte des 5. Jahrhunderts vChr.) ist durch den Bericht über den Aufbau der Stadtmauer Jerusalems unter Nehemia (Neh 2,11–7,3) die Fortdauer dieser Praxis gesichert.

25 Doch s. auch 1Kön 14,26; 15,18f; 2Kön 12,18f; 14,12–14, 16,7–9; 17,3; 18,13–16, wo von Tributleistungen aus dem Palast- und Tempelschatz die Rede ist bzw. die Art der Aufbringung nicht näher angegeben wird. In außerbiblischen Quellen ist von Tributleistungen Israels erstmals auf dem Schwarzen Obelisken Salmanassars III. (858–824 vChr.) die Rede, vgl. O. Kaiser (Hg.), a.a.O. I, 363, und s. H. Greßmann (Hg.), Altorientalische Bilder zum Alten Testament, Berlin- Leipzig [2]1927, 42f und Abb. 121–124.

gebnis des Aufstiegs der mit dem Königtum eng verbundenen schmalen Oberschicht ist eine ausgeprägte und scharfe Klassenscheidung, die im Vergleich noch mit dem 10. Jahrhundert vChr. vom 8. Jahrhundert vChr. an auch am archäologischen Befund etwa in Tell el-Fār^{c}ah (Thirza), der zeitweisen Hauptstadt des Nordreiches Israel, deutlich erkennbar ist. Einem Viertel mit besser gebauten und größeren Häusern der Reichen steht hier nun ein Wohngebiet der ärmeren Bevölkerung mit eng gedrängten, schlechter gebauten und kleineren Behausungen gegenüber.[26] Einen umfassenderen Eindruck von der aufwendigen Ambiance und dem luxuriösen Lebensstil der israelitischen Führungsschicht jener Zeit erhält man aus den Scheltworten der Propheten jener Zeit, vor allem aus den Büchern des Amos und Jesaja. Die Reichen verfügen über ein »Winter-« und ein »Sommerhaus« (Am 3,15), d. h. über unterschiedliche Häuser in entsprechender Lage für die beiden Hauptjahreszeiten. Diese sind aus sorgfältig behauenen Quadersteinen errichtet (Am 5,11) und im Inneren mit kostbaren Elfenbeinintarsien ausgestattet (Am 3,15). Auch das Inventar, etwa die Betten, auf denen man zu den zahlreichen Gelagen (Jes 5,22; 28,1–4.7–13; Am 3,12; 4,1; 6,4–6; Mi 2,11) – oft schon am frühen Morgen (Jes 5,11f) – bei Musik und Gesang (Jes 5,12; Am 6,5; 8,3) Platz nahm, waren mit kunstvoll geschnitzten Elfenbeinplatten verziert und bequem gepolstert (Am 3,12; 6,4).[27] Das Wohlleben dieser Oberschicht und ihr aufwendiger Lebensstil zeigt sich weiter daran, daß ihr in einer Welt, in der Fleischgenuß allgemein die seltene Ausnahme war, die erlesensten Fleischsorten gerade gut genug und die normale Speise waren: nämlich das Fleisch von in der Herde gehaltenen Widdern und von im Stall gemästeten Kälbern (Am 6,4). Für die Körperpflege ver-

26 Vgl. dazu zusammenfassend: R. de Vaux, in: D. W. Thomas (Ed.), Archaeology and Old Testament Study, Oxford 1967, 371–383, und in: M. Avi-Yonah (-E. Stern) (Ed.), Encyclopedia of Archaeological Excavations in the Holy Land II, London 1976, 395–404.

27 Einen guten Eindruck von solchen Elfenbeinschnitzereien vermitteln z. B. die Sammlungen des Badischen Landesmuseums Karlsruhe, vgl. dazu: Phönizische Elfenbeine. Möbelverzierungen des 9. Jahrhunderts vChr. (Bildhefte des Badischen Landesmuseums Karlsruhe), Karlsruhe 1973.

wendeten sie das feinste Olivenöl (Am 6,6), und die Frauen trieben mit Schmuck, kostbaren Kleidern und teuren Kosmetika erheblichen Aufwand (Jes 3,16–24).

Blickt man allein auf die Oberschicht, ihren Reichtum, ihren raffinierten Luxus und ihre kulturellen Errungenschaften, so kann es einem leicht unterlaufen, daß man, wie dies vielfach geschieht, die Zeit um die Mitte des 8. Jahrhunderts vChr. für eine wirkliche Blütezeit Israels hält.[28] Dabei ist freilich übersehen, daß der Reichtum und der Aufwand der Oberschicht erkauft war um den Preis einer Verelendung der breiten Masse des Volkes. Den *Propheten*, die die sozialen Verhältnisse ihrer Zeit scharfsichtig analysiert haben, stellen sich die Zusammenhänge jedenfalls in dieser Weise dar. *Sie betrachten die Art, wie dieser Reichtum erlangt wurde, als zutiefst ungerecht* und daher als unvereinbar mit dem Glauben an den Gott Israels. Nach ihrer Sicht der Dinge sind der Reichtum der wenigen, die sich an der Spitze der hierarchischen Pyramide der Gesellschaft befinden, und die ihm korrespondierende Verelendung der breiten Masse des Volkes das Ergebnis von schonungslos in den Dienst der Ausbeutung und der Bereicherung gestellter gesellschaftlicher Gewalt (Am 3,9f). Sie werden nicht müde, diesen Sachverhalt anzuprangern (vgl. etwa Jes 5,8.20; Mi 2,1f) und – mit oft drastischen Bildern – auszumalen wie etwa dem im Mi 3,1–4 (vgl. auch Jer 5,26–28; Ez 34,2–6) auf »die Häupter von Jakob und die maßgeblichen Leiter des Hauses Israel« angewandten, denen vorgeworfen wird: ». . . sie fressen das Fleisch meines Volkes, sie ziehen (den Leuten) die Haut ab und zerbrechen ihre Knochen, sie zerlegen (sie) wie 'Fleisch' im Kochtopf und wie Braten im Kessel« (V. 1.3). Im Blick steht dabei zunächst die von den Mächtigen in der Gesellschaft in ihrem Interesse manipulierte Rechtssprechung, mit deren Hilfe sie die sozial Schwachen um ihr Recht (Jes 1,21–23; 5,20; 10,1f; Am 2,7; 5,7.10; Mi 3,9–11) und um ihren Besitz (Jes 3,14f; Am 2,8) bringen. Doch nicht nur derart illegale Mittel wurden einge-

28 So etwa H. Donner, Geschichte des Volkes Israel und seiner Nachbarn in Grundzügen 2, Göttingen 1986, 282–284, mit Bezug auf das Nordreich Israel während der Regierungszeit Jerobeams II. (787–747 vChr.).

setzt, um den eigenen Besitz zu vermehren und insbesondere großen Grundbesitz zusammenzubringen (vgl. Jes. 5,8; Mi 2,1f); vielmehr bediente sich die stadtsässige Oberschicht zu ihrer Bereicherung in erster Linie sogar eines ganz legalen, in seinen Konsequenzen jedoch für die Betroffenen unabsehbaren Weges: der Darlehenshingabe.[29] Vielerlei Gründe veranlaßten die ärmere, am Rande des Existenzminimums dahinlebende bäuerliche Landbevölkerung bei der wohlhabenden Stadtbevölkerung sich zu verschulden und Darlehen aufzunehmen. Häufig, vor allem in den vielfachen Dürrezeiten, wenn die eigenen Vorräte zu Ende gegangen waren, dienten Naturaldarlehen an Getreide dazu, die Zeit bis zur neuen Ernte zu überbrücken oder Saatgut zu bekommen. Oft mußten Darlehen von der ohnehin um ihre Existenz ringenden Landbevölkerung aufgenommen werden, um die öffentlichen Abgaben aufbringen zu können.[30] Die Schulden der ärmeren Bevölkerung waren ein furchtbares Mittel der Ausbeutung in der Hand derer, die über Macht und Reichtum verfügten – so wie hier in der Hand der Angehörigen der reichen stadtsässigen Oberschicht, die beträchtliche Getreidevorräte besaßen und darüber hinaus in der Lage waren, nicht nur durch Maß- und Gewichtsverfälschung (Hos 12,8; Am 8,4–6; Mi 6,10f; s. dazu Dtn 25,13f; Spr 11,1 u. a.), sondern auch durch spekulative, künstliche Verknappung (Spr 11,26) den Preis sogar noch zusätzlich in die Höhe zu treiben.[31]

29 Zum folgenden vgl. außer meinem in Anm. 17 genannten Aufsatz und dem dort ebenfalls erwähnten von H. G. Kippenberg auch: B. Lang, Prophetie und Ökonomie im alten Israel, in: G. Kehrer, a.a.O., 53–73, und H. Bobek, Die Hauptstufen der Gesellschafts- und Wirtschaftsentfaltung in geographischer Sicht, in: E. Wirth (Hg.), Wirtschaftsgeographie, Darmstadt 1969, [441–485] 462–473, der das hier zugrundeliegende Wirtschaftssystem als »Rentenkapitalismus« bezeichnet.

30 Dabei verschärfte sich mit zunehmendem Übergang von Natural- zu Geldleistungen die Situation für den Schuldner noch, denn er hatte das Risiko der Marktschwankungen für seine Erzeugnisse zu tragen, deren Preis zur Zeit der Ernte, wenn er zahlen konnte, niedriger war als zur Zeit der Darlehensaufnahme. Zur Geldwirtschaft s. H. Weippert, Art. Geld, in: K. Galling (Hg.), Biblisches Reallexikon, Tübingen ^{2}1977, 88–90.

31 Gen 47,13–26 erzählt, wie es Joseph als Vezir von Ägypten infolge seiner geschickten Vorratspolitik während einer Hungersnot sogar gelungen sein soll, das ganze ägyptische Volk in die Abhängigkeit vom Pharao zu bringen.

»Der Reiche beherrscht die Armen; und wer borgt, wird der Knecht dessen, der ausleiht«, formuliert ein hebräisches Sprichwort diesen Sachverhalt (Spr 22,7). Was dieses Sprichwort besagt, ist wörtlich zu nehmen. Denn man ging nicht nur erbarmungslos gegen säumige Schuldner – und etwaige Bürgen (Spr 6,1–5; 11,15; 20,16; 22,26f; 27,13) – vor, um bei ihnen rückständige Zahlungen einzutreiben (Am 2,8; 5,11); und man nahm nicht nur ohne jede Rücksicht selbst das für das nackte Überleben eines Schuldners Unabdingbare als Pfand (Am 2,8; Mi 2,10 vgl. Hi 22,6; 24,2–11 und s. auch Hab 2,6f), auch wo dies durch die rechtliche und ethische Überlieferung Israels nicht gestattet wurde (Ex 22,25f; Dtn 24,10–13.17); sondern man schritt gegebenenfalls auch ohne Bedenken zur Personalexekution und machte den Schuldner und seine Angehörigen zu Schuldsklaven (Am 2,6; 8,6; Neh 5,1–5), wobei die Situation der Frauen und insbesondere die der jungen Töchter besonders bedauerlich war, denn sie wurden in der Regel zu willkommenen Sexualobjekten ihrer neuen Herren herabgewürdigt (Am 2,7; Neh 5,5; vgl. Ex 21,7–11).

III

Die Utopie der Propheten

Die Propheten haben die tiefgreifende Veränderung der Situation der freien israelitischen Bauern während der Königszeit, durch die diese allmählich zu einem ländlichen Proletariat von – häufig auch arbeitslosen – Tagelöhnern (vgl. Ru 2; Hi 7,1f; 24,2–11; Jes 58,3f; Mal 3,5) und im Extremfall zu Schuldsklaven wurden, nicht wortlos hingenommen. Schon gar nicht haben sie den Prozeß der nunmehr zu beobachtenden Konzentration des besten anbaufähigen Landes in der Hand einiger weniger und die Ausbildung von Großgrundbesitz (vgl. Jes 5,8; Mi, 2,1f) als eine wirtschaftlich sinnvolle und daher notwendige Entwicklung gutgeheißen. Ihr Ideal war umgekehrt ein egalitäres, das auf die Gleichheit aller und ihre Solidarität ausgerichtet war.[32] Weil sie sahen, daß dieses

32 Vgl. dazu den oben in Anm. 20 genannten Grundsatz.

Ideal in der Gesellschaft ihrer Tage mehr und mehr in Mißachtung geraten war, hielten sie dieser ihre Ungerechtigkeit vor. »Er hoffte auf Rechtsspruch (mišpaṭ), doch siehe da: Rechtsbruch (miśpaḥ), auf Gerechtigkeit (ṣ^{e}daqā), doch siehe da: Hilfegeschrei (ṣ^{ec}aqā).« Mit diesen Worten faßt Jesaja im Blick auf das zu seiner Zeit offen zutage liegende Ergebnis des gesellschaftlichen Differenzierungsprozesses am Ende seines Weinberglieds (Jes 5,1–7) die enttäuschte Erwartung des Gottes Israels an sein Volk zusammen. Die Opfer der gesellschaftlichen Veränderungen der israelischen Königszeit: die kleinen Leute, die unter die Räder des Fortschritts geraten waren und kein Auskommen mehr hatten, die arme Landbevölkerung (dăllăt ha'aræṣ u. ä., 2Kön 24,14; 25,12; Jer 40,7; 52,16), die mühsam am unteren Rande des Existenzminimums ihr Leben fristete, – sie und die ihnen vorenthaltene Gerechtigkeit wurden hier einer das Bestehende legitimierenden Ideologie gegenüber endlich wirklich zum Maßstab. Denn an ihnen und ihrem Recht bemessen die Propheten die Existenzberechtigung des ganzen gesellschaftlichen und staatlichen Systems Israels zu ihrer Zeit. Ihre Botschaft lautet: *Gott ist Partei der kleinen Leute* (Jes 3,13–15; vgl. Ps 82), er verachtet das Große, Starke und Mächtige (Am 2,9), aber er nimmt sich der Kleinen und Geringen an, um ihnen Lebensraum und Lebensmöglichkeiten zu schaffen (Am 2,9; 7,1–6). Und nur, wenn diese Geringen überleben können, hat nach Ansicht der Propheten Israel als ganzes noch eine Überlebenschance (Jes 1,10–17.21–27; Am 5,7–15). Die Propheten mußten freilich erkennen, daß die Mächtigen ihrer Zeit nur sehr wenig lernfähig waren und, wie verblendet (Jes 6,9–13), das Israel ihrer Tage durch falsche innen- und außenpolitische Entscheidungen (Jes 30,1–5; 31,1–3 u. a.) in den sicheren Untergang führten. Sie haben diese gewissermaßen zwangsläufige Konsequenz der eingetretenen Fehlentwicklung als das Gericht ihres Gottes über ihr nicht umkehrwilliges und nicht lernfähiges Volk bejaht (vgl. nur Am 8,1–3; 9,1–4). Doch war dies nicht ihr letztes Wort. Ihre Hoffnung war die *Utopie eines Reiches der Gerechtigkeit und des Friedens* jenseits der Katastrophe, in dem jeder endlich, ungestört »unter seinem Weinstock und unter seinem Feigenbaum« sitzend, sein genügendes Auskommen haben könne (Mi 4,4; vgl. 1Kön 5,5). Diese Erwartung bedeutete nach ihrem Verständnis keine Vertröstung auf ein schöneres Jenseits, sondern war in Opposition gegen die konkreten Vertreter der davidischen Dynastie (Jes 11,1; Mi 5,1; Jer 22) oder die Könige des Nordreichs Israel (Hos 1,4; 7,3–7; 10,3f u. a.) die Hoffnung darauf, daß in erwartbarer Zukunft endlich auf dieser Erde der Wille Gottes verwirklicht werde (vgl. Jes 8,23–9,6; 11,1–10; Mi 5,1–5; Jer 23,5–8; Sach 9,9f) – Es ist die Hoffnung auf die Aufrichtung der aller menschlichen Willkür ein Ende setzenden Herrschaft Gottes über die Erde.

Über die *Aktualität der Propheten Israels* brauchen hier nicht viele Worte verloren zu werden. Indem die Propheten Israels bei der Analyse ihrer Zeit Reichtum und Armut als Phänomen nicht gegeneinander isolierten, wie dies – aus leicht erklärlicher apologetischer, aber die Wahrheit verschleiernder Absicht – in unserer Gesellschaft weithin geschieht, sondern beide als zusammengehörig betrachteten, erkannten sie scharfsichtig den unmittelbaren Zusammenhang, der in der Gesellschaft aller Zeiten zwischen dem Reichtum der Wenigen und der Armut der Vielen besteht. Und sie durchschauten ebenso klar den tiefen Widerspruch, der sich überall zwischen der die realen Verhältnisse gestaltenden Macht und dem von ihr erhobenen Anspruch, Gerechtigkeit für alle zu verwirklichen, auftut. So lehren sie uns, die Probleme, vor die die wachsende Arbeitslosigkeit in unserem eigenen Land und das Elend der Menschen in der dritten Welt uns stellen, nicht nur als Herausforderung an unsere Bereitschaft, Almosen zu geben, zu sehen, sondern als Fragen an unser Verständnis von Gerechtigkeit und Macht. Es geht um die zutiefst theologische Frage, ob wir Gott den Herrn der Erde sein und alle Menschen an ihren Gütern partizipieren lassen wollen oder ob wir uns selbst als Herren über die Erde setzen und ihren Reichtum allein für uns usurpieren. Diesem zweiten Weg haben die Propheten als gottlos das Gericht angesagt.

Willy Schottroff

Kirche als unantastbarer Raum für Flüchtlinge

Biblische und aktuelle theologische Aspekte des Asylrechts*

I

Das Grundgesetz der Bundesrepublik Deutschland räumt politisch Verfolgten das Recht auf Asyl ein. Artikel 16 Absatz 2 Satz 2 des Grundgesetzes lautet: »Politisch Verfolgte genießen Asylrecht«. Dieses Grundrecht hat seinerzeit auf dem Hintergrund der Erfahrungen, die viele Deutsche während der Schreckensherrschaft des Nationalsozialismus als politisch oder rassisch Verfolgte bei ihrer Flucht ins Ausland gemacht hatten, Eingang in das Grundgesetz gefunden.[1] Wenn es heute, ein Menschenalter später, bei uns wie in anderen Industrienationen der westlichen Welt zunehmend unter Druck gerät und wachsenden Einschränkungen unterworfen wird, so ist daran zu erinnern, daß es sich bei ihm keineswegs um eine lediglich zeitbedingte Neuerung des Völkerrechts und unserer Verfassung handelt. Man kann sich seiner daher auch nicht wie so vieler rasch überholter modischer Einrichtungen in unserer schnellebigen Welt leichthin wieder entledigen. Das Recht auf Asyl ist vielmehr eines der ältesten Grundrechte der Menschheit überhaupt.[2] Schon deswegen kommt ihm besondere Bedeutung zu. Wer es antasten will,

* Referat auf der Tagung »Asylrecht in der Bundesrepublik Deutschland – Anspruch und Wirklichkeit« vom 13.–15. 3. 1987 in der Evangelischen Akademie Iserlohn.

1 Vgl. die stenographischen Berichte über die 18., 44. und 47. Sitzung des Parlamentarischen Rates, auf denen die Väter und Mütter des Grundgesetzes im Dezember 1948 sowie im Januar und Februar 1949 über das Asylrecht beraten haben. Sie sind, leicht zugänglich, jetzt wieder abgedruckt bei: H. Kauffmann (Hg.), Kein Asyl bei den Deutschen. Anschlag auf ein Grundrecht, Reinbek 1986, 231–251.

2 S. den instruktiven rechtsgeschichtlichen Überblick von O. Kimminich, Asyl, das älteste Recht, in: H. Spaich (Hg.), Asyl bei den Deutschen. Beiträge zu einem gefährdeten Grundrecht, Reinbek 1982, 150–167.

muß sich darüber im klaren sein, welchen Verlust an Humanität und welche Einbuße an schon früh errungenen Möglichkeiten humaner Verwirklichung er damit für sich selbst und andere in Kauf nimmt.
Die christlichen Kirchen haben von der ausgehenden Antike an bis ins 19. Jahrhundert hinein für sich das Recht in Anspruch genommen, in ihrem Raum Flüchtlingen Asylschutz zu gewähren.[3] Die Ursprünge des Asylrechts reichen jedoch noch erheblich weiter zurück. Dies zeigt etwa die bedeutende Rolle, die das Asylrecht in vielen der von den Ethnologen beschriebenen vorstaatlichen Gesellschaften der sogenannten »Naturvölker« spielt.[4] Seine Anfänge wurzeln in den Verhältnissen jener frühen Zeit, »als Sippenfehde und Blutrache herrschten und die Gewalt das einzige Mittel gegen die Gewalt darstellte«. In dieser Zeit entstand das Asyl als »vielleicht die erste große Wohltat einer beginnenden Rechtsordnung für die leidende Menschheit«.[5] Die Frühgeschichte des Asylrechts läßt sich in der Bibel und ihrer Welt – in Israel wie überhaupt im östlichen Mittelmeerraum: in Ägypten, Kleinasien und Griechenland – noch ein Stück weit verfolgen. Dies soll hier in drei Schritten nachvollzogen werden unter den Leitfragen: 1. Wer waren die Flüchtlinge in jener Welt, welches Ausmaß hat in ihr der Flüchtlingsstrom gehabt und wie wurden die Flüchtlinge von denen, bei denen sie Aufnahme suchten, bewertet? 2. Wo fanden Flüchtlinge eine Zuflucht, welches waren die Institutionen, die ihnen Asyl gewährten, und wie sah die Asylwirklichkeit für sie aus? 3. Welche Haltung nahmen die Staaten in jener Zeit in der Asylfrage ein, wie verhielten sie sich gegenüber den asylgewährenden Institutionen auf ihrem Boden und welchen Regeln bzw. Reglementierungen wurde das Asylwesen durch sie unterworfen? – Ein abschließender Abschnitt endlich soll aktuellen theologischen Konsequenzen gelten, die sich für uns heute aus dem biblischen Befund ergeben.

3 Vgl. dazu im einzelnen: P. Landau, Art. Asylrecht III. Alte Kirche und Mittelalter, in: Theologische Realenzyklopädie IV (1979), 319–327.
4 Vgl. A. Hellwig, Das Asylrecht der Naturvölker, Berlin 1903.
5 O. Kimminich, a.a.O. 151.

II

1. Wer waren die Flüchtlinge in der Welt der Bibel?[6]

Schon früh in der Weltgeschichte hat sich ein Bündel typischer Fluchtgründe herausgebildet, das im übrigen durch die Zeiten hindurch bis heute im großen und ganzen gleich geblieben ist. Schon früh werden für uns auch bereits Einzelschicksale von Flüchtlingen greifbar. Das gilt zumindest für eine erste Gruppe von Flüchtlingen, nämlich die *politischen Flüchtlinge*, soweit es sich bei ihnen um prominente Persönlichkeiten handelt. Denn wie zu allen Zeiten standen auch schon damals die Schicksale herausragender Angehöriger der Oberschicht im vollen Licht der Weltgeschichte, während die kleinen Leute nur als bloße Nummern in der Masse zählten, so daß ihr individuelles Ergehen in der Regel im Dunkeln bleibt. Bei den prominenten Flüchtlingen handelt es sich etwa um Angehörige von Herrschergeschlechtern oder führenden Familien, die ihr Land infolge eines politischen Umsturzes verlassen mußten wie Idrimi von Alalaḫ. Dieser nordsyrische Prinz hatte um 1500 vChr., wie er selbst in seiner autobiographischen Inschrift erzählt,[7] aus »Ḫalab (= Aleppo), meinem Vaterhaus«, weichen müssen und konnte erst nach längerem Aufenthalt an verschiedenen Orten in der Fremde als Herrscher in seine Heimat zurückkehren. Dieser Gruppe kann man in der hebräischen Bibel z. B. Jotham, den jüngsten Sohn

6 Zum folgenden vgl. E. Ebeling, Art. Flüchtling, in: Reallexikon der Assyriologie und Vorderasiatischen Archäologie III (1957–71), 88–90; J. Renger, Flucht als soziales Phänomen in der altbabylonischen Gesellschaft, in: D. O. Edzard (Hg.), Gesellschaftsklassen im Alten Zweistromland und in den angrenzenden Gebieten, München 1972, 167–182; J. J. Stamm, Fremde, Flüchtlinge und ihr Schutz im alten Israel und in seiner Umwelt, in: A. Mercier (Hg.), Der Flüchtling in der Weltgeschichte. Ein ungelöstes Problem der Menschheit, Bern-Frankfurt a. M. 1974, 31–66; O. Schultheß, Art. φυγή, in: A. Pauly – G. Wissowa, Real-Encyclopädie der klassischen Altertumswissenschaft XX/1 (1941), 970–978; G. Walser, Flüchtling und Exil im klassischen Altertum (vor allem in griechischer Zeit), in: A. Mercier (Hg.), a.a.O. 67–91.

7 Vgl. O. Kaiser (Hg.), Texte aus der Umwelt des Alten Testaments I, Gütersloh 1982–85, 501–504; s. dazu: H. Klengel, Historischer Kommentar zur Inschrift des Idrimi von Alalaḫ, Ugarit-Forschungen 13 (1981), 269–278.

Jerubbaals, zuordnen, der nur mit Mühe, indem er sich versteckte und anschließend floh, dem Blutbad entgangen ist, das Abimelech unter seinen 70 Brüdern anrichtete, um die Alleinherrschaft über den Stadtstaat von Sichem zu erlangen (Ri 9,1–21). Auch David, der vor seinem Sohn Absalom fliehen mußte, als dieser einen Aufstand gegen ihn entfachte, ist in diesem Zusammenhang zu nennen (2Sam 15,1–18,18). Daneben handelt es sich um hohe Beamte und Höflinge, die in gescheiterte Palastverschwörungen und Umsturzversuche verwickelt waren, wie jener ägyptische Haremsbeamte Sinuhe, der sich im Jahre 1962 vChr. nach der Ermordung des Pharaos Amenemhet I. auf die Flucht machte und nach Vorderasien verschlagen wurde.[8] Es sind weiter Höflinge und militärische Gefolgsleute, die in Ungnade gefallen oder auch Opfer der Eifersucht und des Neides ihrer Herren geworden waren wie David bei Saul und deswegen fliehen mußten (1Sam 18–27), ferner Männer wie Ithai von Gath und sein Gefolge (2Sam 15,17–23) und zahlreiche andere später in der griechischen und römischen Geschichte, die wegen politischer Gründe aus ihrer Heimat verbannt worden sind.[9] Zu dieser Kategorie von Flüchtlingen gehören außerdem die Führer regionaler Unabhängigkeits- oder Freiheitsbewegungen unterworfener Völker wie Jerobeam, der Sohn Nebats, der spätere erste König des Nordreiches Israel (1Kön 11,26–12,20), oder der Edomiter Hadad (1Kön 11,14–22), die sich beide zeitweise hatten außer Landes begeben müssen. Unter den politischen Flüchtlingen, die uns in der hebräischen Bibel namentlich bekannt werden, ist schließlich noch der oppositionelle Prophet Uria aus Kirjat-Jearim zu nennen, der vor

8 Vgl. K. Galling (Hg.), Textbuch zur Geschichte Israels, Tübingen ^{2}1968, 1–12; s. dazu: H. Goedicke, The Route of Sinuhe's Flight, Journal of Egyptian Archaeology 43 (1957), 77–85.

9 Zu den verschiedenen Formen der bürgerlichen Ausstoßung: Ächtung, Verbannung auf Zeit und Ostrazismus, in der griechischen Geschichte und ihren Opfern s. P. Usteri, Ächtung und Verbannung im griechischen Recht, Berlin 1903; E. Balogh, Political Refugees in Ancient Greece from the Period of the Tyrants to Alexander the Great, Johannesburg 1943; F. Brunner, Die politischen Flüchtlinge in Griechenland in der Zeit von der Tyrannis bis zum Rückberufungsdekret Alexanders des Großen, Phil. Diss. Wien 1962. Für Rom vgl. F. Hinard, Les proscriptions de la Rome républicaine, Rom 1985.

den Nachstellungen König Jojakims nach Ägypten entkommen war, dort aber aufgespürt, nach Juda zurückgebracht und in Jerusalem hingerichtet wurde (Jer 26,20–23). Von der Flucht Davids vor Saul indirekt mitbetroffen sind auch seine Eltern: nach 1Sam 22,3f brachte er sie beim König von Moab vor Saul in Sicherheit.

Im Unterschied zu diesen prominenten politischen Flüchtlingen bleiben diejenigen, die anderen Kategorien angehören und vorwiegend den unteren sozialen Schichten entstammen, für uns in dieser Zeit – und keineswegs nur in ihr – weitgehend namenlos, obwohl sie die große Masse der Flüchtlinge ausmachen. Nur ausnahmsweise treten beispielsweise die zahlreichen Menschen in dieser alten Welt, die sich *wegen irgendwelcher Verbrechen, vor allem wegen Bluttaten* auf die Flucht begeben mußten, einmal aus der Anonymität heraus, so Jakob, der vor Esau nach Haran floh, nachdem er diesen um den Erstgeburtssegen betrogen hatte (Gen 27,1–45), oder Mose, der nach Midian entkam, nachdem er einen der ägyptischen Fronaufseher erschlagen hatte (Ex 2,11–22) oder auch Absalom, der sich nach Gesur begab, nachdem er seinen Halbbruder Amnon wegen der Vergewaltigung seiner Schwester Thamar hatte umbringen lassen (2Sam 13). Auch auf Elia kann man verweisen, der in die Wüste südlich von Juda flieht, als ihm die Königin Isebel wegen der auf dem Karmel hingeschlachteten Baalspropheten die Blutrache ansagt (1Kön 19,1–18). Nur mit wenigen Beispielen können wir auch jene häufigen und wohl massenhaften *Fluchtbewegungen* belegen, *die durch Trockenheit, Mißernten und Hungersnöte ausgelöst wurden* und deren Ziel neben anderen Ländern insbesondere Ägypten war, das in solchen Fällen seine Grenzen zu öffnen pflegte, um asiatischen Stämmen mit ihrem Vieh ein Überleben zu ermöglichen:[10] es sind Abraham (Gen 12,10), die Jakobssippe (Gen 46,1–47,12), Elimelech und seine Familie (Ru 1,1–5) und die Sunamitin, deren Sohn Elisa vom Tod erweckt hatte (2Kön 8,1–6). Ganz namenlos

10 Vgl. hierfür den Brief eines altägyptischen Grenzbeamten an seinen Vorgesetzten aus dem beginnenden 12. Jh. vChr. bei K. Galling (Hg.), a.a.O. 40f.

bleiben die Flüchtlinge, die sich während der zahlreichen *Kriege* in jenen Ländern auf den Weg machten, um vor der Invasion überlegener feindlicher Heere in einem Nachbarland Zuflucht zu suchen wie etwa jene Moabiter in Juda, deren Flucht vor den herannahenden assyrischen Truppen in Jes 15/16 geschildert wird. Zu nennen sind auch jene Judäer, die den Untergang ihres Staates im Jahre 587 vChr. zwar im eigenen Lande überlebt haben, sich nach der Ermordung des von den Babyloniern eingesetzten Statthalters Gedalja aber aus Furcht vor Strafmaßnahmen der babylonischen Besatzungsmacht auf den Weg nach Ägypten machten (Jer 41,11–43,7). Die ihnen in den Mund gelegten Worte verdeutlichen sehr eindrücklich die tieferen Fluchtgründe, die sie über den bereits genannten konkreten Anlaß hinaus zum Verlassen ihrer Heimat bewogen: ». . . ins Land Ägypten wollen wir ziehen, wo wir keinen Krieg sehen und keinen Trompetenschall hören und nicht nach Brot hungern, dort wollen wir uns niederlassen« (Jer 42,14). Auch allgemein *soziale und wirtschaftliche Gründe* wie Verarmung und Überschuldung trugen in nicht unerheblichem Maße zur Vermehrung des Flüchtlingsstromes bei. Verzweifelte, die nichts mehr zu verlieren hatten und zu allem entschlossen waren, verließen ihre Heimat und schlossen sich etwa als Söldner den Führern von Streifscharen und Privatarmeen an. Solche Söldnertruppen sind für Abimelech von Sichem (Ri 9,4), David (1Sam 22,2) und dem Aramäer Reson (1Kön 11,23–25) überliefert. Andere dieser wirtschaftlich Gescheiterten mußten in Randgebiete des Kulturlandes ausweichen und führten als saisonale Wanderarbeiter, die sich bei der Ernte als Tagelöhner verdingten, ein kümmerliches Elendsdasein, das sich am unteren Rand des Existenzminimums bewegte (Hi 24,4b–8.10–12). Einer letzten Kategorie von Flüchtlingen gehören schließlich die *Sklaven* an, die ihren Herren entlaufen waren (1Sam 25,10; 1Kön 2,39f; Phlm) – wohl vor allem wegen schlechter Behandlung (Sir 33, 31f).

Es ist in der Eigenart der uns zur Verfügung stehenden Quellen begründet, daß eine genaue *zahlenmäßige Einschätzung* der Größe des in der Welt der Bibel gegebenen Flüchtlingsproblems nicht möglich ist. Für Mesopotamien lassen in der altbabylonischen Zeit (1. Hälfte des 2. Jahrtausends vChr.) einige Wirtschaftstexte bei denen, die staatlichen Dienstpflichten unterlagen, auf eine Fluchtrate von 3,2–6,5 % schließen.[11] Eine Fluchtrate offenbar von dieser Größenordnung wird von dem königlichen Schreiber eines Briefes aus dieser Zeit für zu erheblich angesehen, weshalb er den Statthalter einer seiner Städte anweist, eine Art Passierscheinpflicht einzuführen.[12] Auch Nabal, ein reicher Herdenbesitzer im judäischen Negeb (vgl. 1Sam 25,2) hält gut 750 Jahre später die Zahl derjenigen, die sich zu seiner Zeit ihren Verpflichtungen durch sozial motivierte Flucht entziehen, für beträchtlich, wenn er zu Davids Leuten sagt: »Wer ist David, wer ist der Sohn Isais? Heutzutage sind die Knechte(/Sklaven) zahlreich geworden, die ihren Herrn davonlaufen.« – Sicherlich wird man differenzieren müssen: durch Kriege oder Dürrekatastrophen bedingte Krisen haben wohl auch damals schon die Flüchtlingszahlen in die Höhe schnellen lassen; und die gleiche Wirkung hatten, vor allem bei den Angehörigen der unteren Schichten der Bevölkerung, Zeiten, in denen von den Regierungen ein übermäßiger Abgaben- und Dienstleistungsdruck ausgeübt wurde, der oft durch harte, auf den eigenen Vorteil bedachte, korrupte Verwaltungen noch zusätzlich verstärkt worden ist. Um ihre öffentlichen Verpflichtungen erfüllen zu können, geraten hier, wie man besonders gut im Ägypten der Ptolemäerzeit studieren kann[13], breite Schichten in wachsende Verschuldung gegenüber privaten Gläubigern und können sich der zunehmenden Bedrängung durch brutale Exekutions- und andere Zwangsmaßnahmen schließlich nur noch durch massenhafte Flucht an Asylstätten erwehren. Auch in Israel und Juda hat es von der Königszeit

11 J. Renger, a.a.O. 176f mit Anm. 32.

12 A. Goetze, Fifty Old Babylonian Letters from Harmal, Sumer 14 (1958), [3–78] 23f Nr. 5; zur Übersetzung vgl. The Assyrian Dictionary of the Oriental Institute of the University of Chicago 10 (M Part II), Chicago 1977, 204.

13 Vgl. F. von Woeß, Das Asylwesen Ägyptens in der Ptolemäerzeit und die spätere Entwicklung, München 1923; L. Delekat, Katoche, Hierodulie und Adoptionsfreilassung, München 1964 (doch vgl. dazu die Besprechung von H. J. Wolff in: Zeitschrift der Deutschen Morgenländischen Gesellschaft 116, 1966, 367–370).

an Perioden gegeben, in denen ein derart unerträglicher Abgabendruck auf der breiten Masse der Bevölkerung lastete (vgl. nur 2Kön 23,31–35; Neh 5,1–19). Daß sich auch hier Menschen dem auf ihnen lastenden Druck durch die Flucht entzogen haben, wird man anzunehmen haben, wenngleich das Ausmaß dieser Fluchtbewegung nur schwer abzuschätzen ist, weil unsere Quellen darüber schweigen.

Die *Sympathien* der Bibel gehören dem Flüchtling.[14] Sein schweres Schicksal, die Heimat entbehren und ohne feste Bleibe von Ort zu Ort eilen zu müssen, während der Verfolger hinter ihm her ist, um seiner habhaft zu werden, findet Mitleid. »Wie ein Vogel, der seinem Nest entflieht, ist ein Mann, der aus seinem (Heimat)ort flüchtet« (Spr 27,8), so beklagt ein Sprichwort den Mangel, den er leidet. Es ist die Heimatlosigkeit und zugleich die Schutz- und Rechtlosigkeit, die nach dem bekannten Jesuswort: »Die Füchse haben Gruben und die Vögel unter dem Himmel haben Nester; aber des Menschen Sohn hat nicht, da er sein Haupt hin lege« (Mt 8,20

14 Eine Ausnahme von dieser Haltung käme in Jes 2,6–9 zum Ausdruck, wenn die Deutung zuträfe, die H. Bardtke (Die Latifundien in Juda während der zweiten Hälfte des achten Jahrhunderts vChr., in: Hommages à A. Dupont-Sommer, Paris 1971, 235–254) für diese Stelle vorgeschlagen hat. Bardtke geht davon aus, daß sich die Aussage des Textes auf kapitalkräftige Angehörige der Händlerschicht und auf Streitwagenbesatzungen beziehe, die seit 733 vChr. aus dem Nordreich Israel nach Juda verschlagen worden seien und hier außer zu religiöser Überfremdung (V. 6.8) und verstärkter Militarisierung (V. 7b) auch durch Landaufkäufe und Bildung von Großgrundbesitz (vgl. V. 7a mit Jes 5,8 und Mi 2,1f) zu einer gravierenden Verschlechterung der ökonomischen Situation der judäischen Kleinbauern beigetragen hätten. Doch bleibt Bardtkes geistvolle Deutung der Stelle ganz hypothetisch; für das Verständnis des Textes und die über ihn geführte exegetische Diskussion vgl. neuerdings zusammenfassend etwa H. W. Hoffmann, Die Intention der Verkündigung Jesajas, Berlin-New York 1974, 107–124. Die von Bardtke aus Jes 2,7a gezogenen Folgerungen für die Bildung von Großgrundbesitz in Juda z. B. sind schon deshalb wenig wahrscheinlich, weil Amos bereits für die Zeit seines Auftretens in Israel während der Regierung Jerobeams II. (um 760 vChr.) eine ähnliche Verschlechterung der wirtschaftlichen Lage der Kleinbauern und anderer sozialer Gruppen der Unterschicht voraussetzt, ohne daß dafür die Zuwanderung kapitalkräftiger Ausländer verantwortlich gemacht werden könnte, s. dazu: W. Schottroff, Der Prophet Amos. Versuch einer Würdigung seines Auftretens unter sozialgeschichtlichem Aspekt, in: W. Schottroff – W. Stegemann (Hg.), Der Gott der kleinen Leute I, München – Gelnhausen 1979, 39–66.

= Lk 9,58), auch für ihn selbst und seine Nachfolger charakteristisch ist. Doch ist es auch abgesehen von Jesus, mit dem nach der Vorgeschichte des Matthäus seine Eltern schon als Säugling nach Ägypten fliehen mußten, um ihn vor den Nachstellungen des Herodes zu retten (Mt 2,13–15), ein auffälliger und bemerkenswerter Sachverhalt, daß die Bibel gerade von ihren wichtigsten Identifikationsfiguren berichtet, sie seien im Laufe ihres Lebens einmal in der einen oder anderen Weise Flüchtlinge gewesen: Abraham, Jakob, Mose, David, Elia. Ja, der für Israels Selbstbewußtsein und sein Gottesverhältnis schlechterdings grundlegende Auszug aus Ägypten nimmt in der rückschauenden Interpretation die Gestalt einer Flucht von Sklaven aus dem Sklavenzwinger an (bêt ^{ca}badîm, vgl. Ex 13,3.14; Dtn 5,6; 6,12; 7,8 u. a.).

2. Wo fanden Flüchtlinge Zuflucht?[15] Die Geschichte des Sinuhe und die Autobiographie des Idrimi von Alalaḫ[16] zeigen ebenso wie etwa Homers Odyssee und andere Beispiele aus der griechischen Literatur[17], daß ein Flüchtling *irgendeinen Mächtigen* zum Schutz anflehen und bei ihm Aufnahme finden konnte. In dieser Weise wendet sich auch David an den Philisterkönig Achis von Gath und findet zusammen mit seinen Leuten Zuflucht in Ziklag (1Sam 27,1–7). Das Schutzrecht, das in diesen Fällen gewährt wird, ist Ausfluß des Gastrechts, das in jener Welt gebot, dem schutz- und rechtlo-

15 Zum folgenden vgl. zusammenfassend: H. Bolkestein, Wohltätigkeit und Armenpflege im vorchristlichen Altertum. Ein Beitrag zum Problem ›Moral und Gesellschaft‹, Utrecht 1939 (Neudruck: Groningen 1967), 27–29.55f. 243–248. 388–390; L. Wenger, Art. Asylrecht, in: Reallexikon für Antike und Christentum I (1950), 836–844. Im einzelnen s.: M. Löhr, Das Asylwesen im Alten Testament, Halle 1930; N. M. Nicolsky, Das Asylrecht in Israel, Zeitschrift für die alttestamentliche Wissenschaft 48 (1930), 146–175; Z. W. Falk, Art. Asylrecht II. Altes Testament, in: Theologische Realenzyklopädie IV (1979), 318f (mit weiterer Literatur); E. Szanto, Art. 'Ασυλία, in: A. Pauly – G. Wissowa, Real-Encyclopädie der klassischen Altertumswissenschaft II/2 (1896), 1879–1881; P. Stengel, Art. Asylon, ebenda 1881–1886; E. Schlesinger, Die griechische Asylie, Phil. Diss. Gießen 1933; D. von Berchem, Trois cas d'asylie archaïque, Museum Helveticum 17 (1960), 21–33, und für Ägypten die oben in Anm. 13 genannten Arbeiten.

16 S. die oben in Anm. 7 und 8 genannten Fundorte.

17 S. vor allem noch: Aischylos, Die Schutzflehenden, Sophokles, Ödipus auf Kolonos und Euripides, Die Hilfeflehenden.

sen Fremdling jeden erdenklichen Schutz angedeihen zu lassen (vgl. Gen 19,1–11; Ri 19). Das Gastrecht einschließlich dieser Schutzpflicht war heilig, denn, so heißt es in der Odyssee: »von Zeus her sind allgesamt die Fremden und die Bettler«. Sich an einem Fremden zu vergreifen, war gefährlich und konnte sich unmittelbar rächen: »Wenn er nun vielleicht irgendein Gott vom Himmel ist!« –, warnen die Freier den Antinoos, als er sich an Odysseus in Bettlergestalt vergreift: »Durchwandern die Götter doch, Fremdlingen gleichend, die von weit her sind, in mancherlei Gestalt die Städte und blicken auf den Frevel der Menschen und ihr Wohlverhalten.«[18]

Zuflucht bot sodann *der Altar der Gottheit*, solange man sich an ihn anklammerte, oder – außerhalb von Israel – das Götterbild oder das Bild eines vergöttlichten Herrschers und schließlich *das Heiligtum als ganzes*, in dem man sich als Gast des göttlichen Schutzherrn auf Dauer aufhalten konnte, wie dies Ps 23,5f, aber auch andere Psalmen (vgl. Ps 27,1–6; 57; 61) für den Jerusalemer Tempel belegen.[19] »Auch der Sper-

18 Homer, Odyssee XIII, 57f; XVII, 484–487 (zitiert nach der Übersetzung von W. Schadewaldt, Zürich 1966). Zu dem an der zuletzt zitierten Stelle begegnenden Motiv der incognito, um die Menschen zu prüfen, auf der Erde wandernden Götter s. grundlegend M. Landau, Die Erdenwanderungen der Himmlischen und die Wünsche der Menschen, Zeitschrift für vergleichende Literaturgeschichte NF 14 (1900), 1–41; K. Reuschel, Nachträge zu Landau's ›Erdenwanderungen der Himmlischen‹, ebenda 472f. In diesen Motivkreis gehören Gen 18,1–22; Mt 25,31–46 und Ovid, Metamorphosen VIII, 626–724. Zur Sache s. O. Hiltbrunner – D. Gorce – H. Wehr, Art. Gastfreundschaft, in: Reallexikon für Antike und Christentum VIII (1972), 1061–1123 (mit weiterer Literatur), und für die Araber: W. R. Smith, Die Religion der Semiten, Tübingen 1899 (Neudruck: Darmstadt 1967), 53–55; M. Löhr, Gastfreundschaft im Lande der Bibel einst und jetzt, Palästinajahrbuch 2 (1906), 52–63.

19 S. dazu L. Delekat, Asylie und Schutzorakel am Zionsheiligtum. Eine Untersuchung zu den privaten Feindpsalmen, Leiden 1967, und meinem Aufsatz: Psalm 23. Zur Methode sozialgeschichtlicher Bibelauslegung, in: W. Schottroff/W. Stegemann (Hg.), Traditionen der Befreiung I, München-Gelnhausen 1980, 78–113. Anders, nämlich von der Institution des kultischen Gottesurteilsverfahrens her, deutet W. Beyerlin, Die Rettung der Bedrängten in den Feindpsalmen der Einzelnen auf institutionelle Zusammenhänge untersucht, Göttingen 1970, die einschlägigen Texte. Zur Auseinandersetzung mit Beyerlin s. meinen eben genannten Aufsatz, 97ff.

ling fand ein Haus und die Schwalbe für sich ein Nest, wo sie ihre Jungen niederlegen konnte: deine Altäre, Jahwe Zebaoth, mein König und mein Gott«, so bejubelt ein anderer Beter, der dort offenbar Asyl gefunden hat, in Ps 84,4 das Ende seines dem verscheuchten Vogel gleichenden Flüchtlingsdaseins.[20] Das Bundesbuch (Ex 21,1–23,33), die älteste israelitische Rechtssammlung, sieht das Asyl im Heiligtum für den unvorsätzlichen Bluttäter vor, durch dessen Hand Gott die Tat zufällig geschehen ließ (Ex 21,13), doch ist mit großer Wahrscheinlichkeit anzunehmen, daß auch andere Kategorien von Flüchtlingen im Heiligtum bzw. am Altar Zuflucht suchten und fanden. Nach Davids Tod ist dies für den Prinzen Adonia (1Kön 1,50–53) und Davids Feldhauptmann Joab (1Kön 2,28–34) belegt, die sich beide aus politischen Gründen an den Altar flüchteten. Aus dem gleichen Grund suchte später der im Jahre 175 vChr. von Antiochus IV. Epiphanes abgesetzte jüdische Hohepriester Onias im Apollon-Artemis-Heiligtum von Daphne bei Antiochia Asyl (2Makk 4,32–34). Aber auch damit sind sicherlich die Kategorien derer, die in Israel im Heiligtum Asyl suchten, noch nicht erschöpft. Für die Heiligtümer des ptolemäischen Ägypten[21] und die der übrigen hellenistischen Welt sind jedenfalls alle Kategorien von Flüchtlingen, die aufgezählt wurden, bis hin zu den Sklaven (Herodot II, 113; Tacitus, Annalen III, 60) als Asylflüchtlinge belegt, und es fragt sich, ob dies, auch wenn uns für Israel direkte Belege fehlen, dort wirklich anders gewesen ist.

Freilich wurden *nicht alle* Schutzsuchenden *ohne Unterschied* im Heiligtumsasyl geduldet. Wer vorsätzlich einen Menschen getötet hatte, indem er ihn aus dem Hinterhalt heraus umbrachte, so bestimmt es das Bundesbuch (Ex 21,14), sollte vom Altar weggerissen und getötet werden. Doch auch ohne derartige rechtliche Handhabe wurde der Asylschutz nicht immer respektiert. Adonia wurde auf Geheiß Salomos

20 Auch die Vögel selbst genießen an der heiligen Stätte Asylschutz, vgl. H. Gunkel, Die Psalmen, Göttingen 1926, 368f; H. Wißmann, Art. Asylrecht I. Religionsgeschichtlich, in: Theologische Realenzyklopädie IV (1979), 315–318 bes. 316.

21 S. dazu die oben in Anm. 13. genannte Arbeit von F. von Woeß.

vom Altar entfernt und später getötet (1Kön 1,53; 2,13–25), Joab am Altar niedergestoßen (1Kön 2,28–34), Onias lockte man aus dem Heiligtum von Daphne und brachte ihn um (2Makk 4,32–34). Ein analoges Beispiel aus der griechischen Geschichte ist die Mißachtung des Asyls im Heiligtum der Athene auf der Akropolis von Athen, die sich 636 (oder 632 vChr.) im Zusammenhang mit dem gescheiterten Versuch des Olympioniken Kylon, in Athen eine Tyrannis zu errichten, ereignet hat. Alle diese Übergriffe galten den Zeitgenossen als schwerwiegende Frevel[22], von denen der zuletzt erwähnte in den Augen der Zeitgenossen über die Schuldigen einen lange nachwirkenden Fluch heraufbeschwor, den sogenannten Kylonfluch.[23]

Asyl findet man schließlich in *Asylstädten*.[24] Daß in Israel die

22 In bezug auf die mit den Mitteln arglistiger Täuschung in die Wege geleitete Beseitigung des Hohenpriesters Onias spricht dies 2Makk 4,35 deutlich aus: »Nicht nur die Juden, sondern auch viele aus anderen Völkern entsetzten sich über dieses Unrecht und waren empört über die Ermordung des Mannes.« – Für den Schluß der »Erzählung von der Thronnachfolge Davids« (2Sam 9–20 + 1Kön 1–2) ist vor allem durch E. Würthwein, Die Erzählung von der Thronnachfolge Davids – theologische oder politische Geschichtsschreibung?, Zürich 1974, 11–17, eine antisalomonische Tendenz aufgewiesen worden. Sie kommt in 1Kön 2,13ff zum Ausdruck und wird im jetzigen Kontext durch Davids letzte Anweisungen an Salomo (1Kön 2,1–9) nur unzureichend und nicht ohne inhaltliche Spannungen (vgl. dazu die Beobachtungen bei I. Benzinger, Die Bücher der Könige, Freiburg- Leipzig-Tübingen 1899, 8f) abgemildert: faktisch ist für den Erzähler Salomos Regierungsantritt durch politisch motivierte (1Kön 2,46b!), von ihm selbst verantwortete Bluttaten bestimmt, zu denen Asylverletzung gehörte.

23 Vgl. dazu die dreifache Überlieferung des Sachverhalts bei Herodot V, 71; Thukydides I, 126 und Plutarch, Solon 12. Aus diesen (allerdings in einer ganzen Reihe von Einzelheiten voneinander abweichenden) Versionen geht sowohl die Bedeutung des Kontaktes der Schutzsuchenden mit dem Heiligtum, insbesondere mit dem Altar oder dem Götterbild, wie auch die Bewertung der Asylverletzung als Heiligtumsfrevel deutlich hervor. Ein analoger Fall von Asylbruch betraf im Jahre 467 vChr. (?) den Spartaner Pausanias. Er hatte sich in das Heiligtum der Athena Chalkioikos geflüchtet und war hier auf Betreiben der spartanischen Ephoren ausgehungert worden (Thukydides I, 134).

24 Zu den Asylstädten in Israel s. außer den oben in Anm. 15 genannten Arbeiten von M. Löhr und N. M. Nicolsky vor allem M. David, Die Bestimmungen über die Asylstädte in Josua XX, Oudtestamentische Studiën 9 (1951), 30–48, und insbesondere zur Lage und Identifikation der einzelnen Orte: M. Noth, Das Buch Josua, Tübingen [2]1953, 123–127.

Entwicklung zur Einrichtung profaner Asylstädte führte, ursprünglich drei (Dtn 4,41–43), dann sechs an der Zahl (Dtn 19,1–13), davon drei im West- und drei im Ostjordanland, hängt mit der Kultzentralisation in Jerusalem zusammen, die im Zuge der Reform König Josias erfolgte. Durch sie sind die dezentralen Heiligtümer im Lande, die bis dahin als Zufluchtstätten gedient hatten, in Wegfall gekommen, und es mußte ein profaner Ersatz für sie gefunden werden, der von einem Flüchtling mit einiger Aussicht auf Erfolg erreicht werden konnte, ohne daß ihn sein Verfolger vorher einholte. Als Novelle zu der asylrechtlichen Bestimmung, die das Bundesbuch für Bluttäter – und ausschließlich für sie – enthält, regelt auch das in der zweiten Hälfte des 7. Jahrhunderts vChr. anzusetzende Deuteronomium lediglich das Verfahren mit Bluttätern. Die Definition, wer als unvorsätzlicher Täter anzusehen sei, wird hier verfeinert (Dtn 19,4: »und er hat ihn nicht zuvor gehaßt«) und durch ein konkret-typisches Fallbeispiel (Dtn 19,5: die beim Holzschlagen unversehens aus dem Stiel fahrende Axt) illustriert. Außerdem wird das bei der Auslieferung eines in die Asylstadt geflohenen Mörders zu befolgende Verfahren präzisiert: die Ältesten seines Heimatortes sollen ihn holen lassen und dem Bluträcher übergeben (Dtn 19,11f). Jos 20,1–9 nennt die Namen der als Asylstädte (ʿarê miqlaṭ bzw. ʿarê hammûʿadā) ins Auge gefaßten Orte: es handelt sich dabei wohl um Orte, deren lokale Heiligtümer in der Zeit vor der deuteronomischen Reform bekannte Asylstätten gewesen sind. Bei dem zu befolgenden Verfahren ergibt sich hier gegenüber Dtn 19,11f insofern eine Modifikation, als nun die Ältesten der Asylstadt ausdrücklich über die Aufnahme des Bluttäters befinden müssen. Die noch jüngere priesterliche Stelle Num 35,9–34, die die Unterscheidung zwischen vorsätzlicher und unvorsätzlicher Tötung gegenüber Dtn 19 durch die Aufzählung einer ganzen Reihe konkret-typischer Fälle weiter verfeinert (Num 35,16–25), macht die Aufnahme des Bluttäters in eine der Asylstädte von einem Entscheid der (Gesamt)gemeinde Israels abhängig. Nach Jos 20 wie Num 35 darf der Totschläger die Asylstadt ohne Gefahr für sein Leben erst nach dem Tod des gerade amtierenden Hohenpriesters verlassen, entweder weil der Tod des Hohenpriesters die noch verbliebene Schuld sühnt oder weil mit dem Amtsantritt eines neuen Hohenpriesters eine Amnestie verkündet zu werden pflegte.[25] Wieweit gerade die zuletzt erwähnten Bestimmungen auch wirklich praktiziert wurden und wieweit sie bloßes Programm blieben, ist schwer zu sagen.

Daß in der hebräischen Bibel das Asylrecht abgesehen von dem Auslieferungsverbot für einen aus dem Ausland nach Israel geflohenen Sklaven (Dtn 23,16f), jedenfalls in den Gesetzen nur am Fall des Totschlägers erörtert wird, darf, wie bereits betont, nicht zu der Meinung veranlassen, der Asylschutz habe sich hier außer auf den flüchtigen Sklaven eben nur auf denjenigen erstreckt, der unvorsätzlich eine Bluttat begangen hat. Gewohnheitsrechtlich wurden wohl noch andere Kategorien von Flüchtlingen am Asylort geduldet, aber im Fall einer Bluttat bedurfte es *ausdrücklicher* rechtlicher Regelungen, wenn einerseits dem überkommenen Blutrecht Genüge geschehen und der Mörder dem Bluträcher ausgeliefert werden, andererseits aber dem Totschläger Gnade widerfahren sollte für eine Tat, die er nicht willentlich intendierte.[26]

Immerhin zeigen uns die den Sklaven wie den Totschläger betreffenden gesetzlichen Regelungen zugleich auch, *wie* man sich die Asylwirklichkeit in Israel vorzustellen hat. Der Sklave sollte sich an einem von ihm frei gewählten Ort in Israel als Beisasse und Schutzbürger (ger) aufhalten dürfen, wo er sich vermutlich als Tagelöhner am Leben erhielt. Für ihn galt wie für andere Gruppen sozial schwacher Personen das Verbot der Bedrückung (jnh hi., vgl. Ex 22,20; Lev 19,33; Jer 22,3). Ebenso, nur mit der Beschränkung auf das Gebiet einer

25 Während die christliche Kommentarliteratur (vgl. z. B. H. Holzinger, Numeri, Tübingen-Leipzig 1903, 172; M. Noth, Das vierte Buch Mose. Numeri, Göttingen 1966, 220f) Num 35,28 (bzw. Jos 20,6a) in der Regel im zuletzt genannten Sinne deutet, bevorzugen jüdische Ausleger die alternative Interpretation (vgl. nur M. Greenberg, The Biblical Conception of Asylum, Journal of Biblical Literature 78 [1959], 125–132 bes. 129f). Doch s. auch F. Horst, Recht und Religion im Bereich des Alten Testaments, in: ders., Gottes Recht. Studien zum Recht im Alten Testament, München 1961, [260–291] 273f.

26 Zur Sache vgl. E. Merz, Die Blutrache bei den Israeliten, Leipzig 1916.

bestimmten Asylstadt, hat man sich das Dasein des Totschlägers nach Num 35 vorzustellen. Beide führen in der Asylstadt das normale bürgerliche Leben von Fremden, die als Schutzbürger (ger) aufgenommen sind, der Totschläger freilich nur mit den ihm zu seinem Schutz auferlegten Bewegungsbeschränkungen. Ob es in Israel auch die für Ägypten belegte Institution gab, daß der in den Schutzbereich eines Heiligtums Geflohene mit seiner Aufnahme dort den Status eines Tempelsklaven erhielt (κατοχή), ist mit den uns zur Verfügung stehenden Quellen nicht zu entscheiden.[27]

3. Wie verhalten sich die *Staaten* in der Welt der Bibel in der Asylfrage? Im Unterschied zum Erflehen von Schutz (ἱκετεία) bei einem Mächtigen oder einem Heiligtum oder zur Zuflucht (φύξιμον), die man dort sucht, ist Asyl (ἀσυλία) im eigentlichen Sinne der einem Heiligtum, einer Stadt oder auch Personen (etwa einem Gesandten) gewährte staatliche Schutz. Asyl in diesem Sinne war ursprünglich eine gegenseitige Schutzmaßnahme der griechischen Städte und Staaten, um durch Übereinkunft das gewaltsame Wegführen (συλᾶν) fremder Personen und Sachen mit oder ohne Rechtsgrund einzudämmen.[28] Auch in Israel und seinen Nachbarländern hören wir von solchen Erscheinungen der Willkür, z. B. wenn in Hi 1,15.17 von Razzien von Sabäern und Chaldäern die Rede ist, die Hiobs Vieh forttreiben, oder wenn Am 1,6.9 Gaza und Tyrus vorwirft, die Bevölkerung ganzer israelitischer Dörfer gewaltsam weggeführt und nach Edom verkauft zu haben. In hellenistischer Zeit sind die Herrscher dann dazu übergegangen, bestimmten Heiligtümern oder bestimmten Städten das Asylrecht zu verleihen.[29] Dies war mit bestimmten Einschränkungen, was die Aufnahme der dort

27 Zur κατοχή im Heiligtum s. die oben in Anm. 13 genannte – auf das ptolemäische Ägypten bezügliche – Literatur.

28 Zu den genannten Sachverhalten in der griechischen Geschichte s. die oben in Anm. 15 angeführten Arbeiten von E. Szanto, P. Stengel und E. Schlesinger.

29 S. dazu B. Heuß, Stadt und Herrscher des Hellenismus in ihren staats- und völkerrechtlichen Beziehungen (Klio. Beiheft 39/1937), Neudruck: Aalen 1963, 145–154. 287; E. Bikerman, Institutions des Seleucides, Paris 1938, 152–156; H. Seyrig, Antiquités syriennes 24. Les rois Séleucides et la concession de l'asylie, Syria 20 (1939), 35–39.

Schutz Suchenden angeht, verbunden. Diese Einschränkungen betrafen etwa Mörder, auch suchte der Staat derer habhaft zu werden, an die er noch Forderungen hatte. Die Staaten haben überhaupt das Phänomen der Flüchtlinge und die Tatsache, daß sich Menschen Verpflichtungen, Druck und Verfolgungen durch Flucht entzogen, von Anfang an mit Argwohn betrachtet. Die Staatsverträge und Rechtssammlungen, die uns aus Vorderasien überliefert sind, enthalten fast alle diesbezügliche Regelungen. Sie betreffen etwa die eherechtlichen und besitzrechtlichen Folgen einer Flucht[30], vor allem aber die Pflicht der Auslieferung bzw. das Recht der Nichtauslieferung von Flüchtlingen, die im Ausland oder im eigenen Land Schutz gesucht haben.[31] Insbesondere waren entlaufene Sklaven auszuliefern. Nach ihnen fahndete man u. U. durch regelrechte Steckbriefe, und ihnen sandte man gegebenenfalls eine Polizeieinheit nach, wie dies beides in Ägypten zu belegen ist.[32] Im Zweistromland nahm man darüber hinaus auch die Magie zu Hilfe und benutzte Beschwörungen, um den flüchtigen Sklaven wiederzuerlangen.[33] Die biblische Regelung, daß der entflohene Sklave in

30 Die einschlägigen Bestimmungen der keilschriftlichen Rechtssammlungen sind zusammengestellt bei E. Ebeling, a.a.O. (s. Anm. 6) III (1957–71), 89; deutsche Übersetzungen der dort zitierten Texte sind zu finden bei O. Kaiser (Hg.), a.a.O. (s. Anm. 7) I (1982–85), 17ff.

31 Zu den zwischenstaatlichen Regelungen über Auslieferung bzw. Nichtauslieferung von Flüchtlingen s. V. Korošec, Hethitische Staatsverträge. Ein Beitrag zu ihrer juristischen Wertung, Leipzig 1931, 64f. 80; ferner: E. Ebeling, a.a.O. III (1957–71), 88f. Für neue deutsche Übersetzungen der dort angeführten Texte vgl. O. Kaiser (Hg.), a.a.O. I (1982–85), 131ff. 455ff.

32 Vgl. den aus dem Jahr 156 (oder 145) vChr. stammenden griechischen Papyrus Paris 10 aus Memphis, der einen Steckbrief für zwei entlaufene Sklaven enthält: H. Thierfelder, Unbekannte antike Welt. Eine Darstellung nach Papyrusurkunden, Gütersloh 1963, 130f Nr. 126, bzw. J. Hengstl (Hg.), Griechische Papyri aus Ägypten als Zeugnisse des öffentlichen und privaten Lebens, München 1978, 298–300, Nr. 123, und s. weiter den auf dem Papyrus Anastasi V überlieferten ägyptischen (Muster)brief, dessen Gegenstand die Verfolgung zweier entlaufener Sklaven ist: A. Erman, Die Literatur der Ägypter, Leipzig, 1923 (Neudruck: Hildesheim 1971), 252f, bzw. R. A. Caminos, Late-Egyptian Miscellanies, London 1954, 254–258.

33 Vgl. E. Ebeling, Eine assyrische Beschwörung, um einen entflohenen Sklaven zurückzubringen, Orientalia NS 23 (1954), 52–56, und s. weiter A. Ungnad, Besprechungskunst und Astrologie in Babylonien, Archiv für

Israel als freier Mensch leben dürfe (Dtn 23,16), steht in dieser Welt analogielos da.[34]

Besonders argwöhnisch stand der *römische* Staat dem Asylwesen gegenüber, das im ptolemäischen Ägypten gar die Flucht ganzer Dörfer ermöglichte, die sich auf diese Weise ihren drückenden Lasten entzogen.[35] Zwar soll Romulus, um die Bevölkerung der von ihm gegründeten Stadt zu vermehren, auf dem »Platz zwischen den beiden Gehölzen« in der Mitte der beiden Erhebungen des Capitolhügels selbst ein Asyl begründet haben.[36] Ferner nahm in den Bürgerkriegszeiten am Ende der Republik und in der Zeit zu Beginn des Prinzipats die Flucht zu Tempeln, Götter- und Kaiserbildern verständlicherweise auch in Rom zu. Cassius Dio (47,19.2f) überliefert aus der Zeit des Triumvirats für das Jahr 42 vChr., daß trotz der ausdrücklichen Anweisung, daß niemand »der sich Schutz suchend in sein (= Caesars) Heroon geflüchtet habe, daraus vertrieben oder weggeholt werden dürfe«, der Platz faktisch kein Asyl bot: »denn er wurde so fest verrammelt, daß überhaupt niemand mehr in ihn eindringen konnte.[37] Kaiser Tiberius schließlich schritt zu einer umfas-

Orientforschung 14 (1941–44) [251–284] 281 Z. 47, wo als Titel einer Beschwörung genannt ist: »Daß der Sklave eines Menschen nicht entkommt«. Auch Omina holte man im Falle der Flucht eines Sklaven ein, vgl. V. Scheil, Nouveaux présages tirés du foie, Revue d'Assyriologie et d'archéologie orientale 27 (1930), [141–154] 145 Z. 15f.

34 S. dazu I. Mendelsohn, Slavery in the Ancient Near East. A Comparative Study of Slavery in Babylonia, Assyria, Syria and Palestine from the Middle of the Third Millenium to the End of the First Millenium, New York 1949, 58–64. Im Blick auf 1Sam 30,11–15, wo ein junger Ägypter, der der Sklave eines Amalekiters war, David im Entgelt für seinen Dienst als Führer schwören läßt, ihn nicht an seinen Herrn auszuliefern, möchte Mendelsohn Dtn 23,16f freilich – wie schon andere Ausleger – analog Codex Ḫammurapi § 280–281 verstehen: »It may be suggested that this law was drawn up in favor of Hebrew fugitive slaves who had fled from slavery in foreign countries« (63). Doch vgl. dagegen z. B. G. von Rad, Das fünfte Buch Mose. Deuteronomium, Göttingen 1964, 105, der generell an aus dem Ausland nach Israel geflohene Sklaven denkt.

35 Vgl. H. Thierfelder, a.a.O., 105–107 Nr. 98–101.

36 Vgl. Livius I, 8,4–9,5 und s. dazu D. van Berchem, a.a.O. (s. Anm. 15), 29–32.

37 Zitiert nach Cassius Dio, Römische Geschichte übersetzt von O. Veh III, Zürich-München 1986, 173.

senden Überprüfung des Asylwesens sowohl in Rom wie in der hellenistischen Welt durch den Senat.[38] Das Asylwesen als Institution erscheint hier als Hort der Unordnung, des Aufruhrs und des Verbrechens, dessen mißbräuchliche Ausbreitung eingeschränkt werden müsse, wenn die Rechtsordnung nicht Schaden nehmen solle: »Die Tempel füllten sich mit dem übelsten Sklavengesindel. Eben dort fanden auch Verschuldete Schutz und Aufnahme gegen ihre Gläubiger und sogar Leute, die im Verdacht eines Kapitalverbrechens standen. Und nirgends fand sich irgendeine obrigkeitliche Gewalt, die stark genug gewesen wäre, aufrührerische Regungen des Volkes einzudämmen, das sich vor Missetaten von Menschen schützend stellte, als ob es sich um einen Dienst für die Götter handelte«, so schildert Tacitus in seinen Annalen (III.60)[39] die Sachlage, wie sie sich den römischen Senatoren darstellte. Hier spricht sich das Herrschaftsinteresse des römischen Herrenvolkes und das Interesse der mit ihm liierten Herren in den Provinzen des Imperiums aus. Und zugleich mit der Unsensibilität gegenüber den doch von diesen Herren selbst geschaffenen Leiden der kleinen Leute, die in ihrer Ausweglosigkeit im Asyl Zuflucht suchten, findet sich hier bereits das Syndrom von Vorurteilen und Verachtung, das die Sprache der Herren im bezug auf Flüchtlinge bis heute kennzeichnet. Insofern ist der römische Staat hinsichtlich der Asylfrage wie hinsichtlich vieler anderer Herrschaftsbestrebungen, die ihn kennzeichneten, der erste moderne Staat und ein negatives Beispiel, das zum Schaden der Humanität leider bis heute vorbildlich geblieben ist. Lösungen werden hier nicht im Eingehen auf die Betroffenen und ihre Probleme gesucht, sondern unter dem Gesichtspunkt der Erhaltung und Mehrung der Macht in Restriktionen und Diszipli-

38 Tacitus, Annalen III, 36.60–63; IV, 14. Diese Überprüfung des Asylwesens fand in den Jahren 21 bis 23 nChr. statt. Nach Sueton, Tiberius 37, habe dieser Kaiser ohne Unterschied »überall den seit alter Zeit bestehenden Brauch des Aslyrechts ab(geschafft)«, was jedoch im Blick auf die differenzierte Darstellung des Sachverhalts bei Tacitus ein vergröberndes Urteil darstellt: es ging um Beschneidung und Eindämmung dieses Rechts.

39 Zitiert nach Tacitus, Annalen I–VI. Übersetzung, Einleitung und Anmerkungen von W. Sontheimer, Stuttgart 1964, 177.

nierung. Und so ist es bis heute überall dort zu beobachten, wo das Römertum das Modell für die Gestaltung von Herrschaft und Staat darstellt.

III

Welche Konsequenzen ergeben sich aus dem dargestellten Befund für Christinnen und Christen heute? Eine erste Konsequenz betrifft den Maßstab für Denken und Handeln. Christinnen und Christen heute können sich die Orientierung für ihr Denken und Handeln nicht von dem antiken und modernen Römertum vorgeben lassen. Für sie stehen vielmehr die Opfer und die Erfordernisse, die sich aus ihrer Situation ergeben, an erster Stelle, und die Lösungen, die sie anstreben, werden solche sein müssen, die allein in der Solidarität mit den Betroffenen zu finden sind. Diese Orientierung für das Denken und Handeln rückt uns die Bibel immer wieder ins Bewußtsein: »Einen Fremdling sollst du nicht ausbeuten; ihr wißt doch, wie es dem Fremden zumute ist, denn ihr selbst seid Fremde gewesen im Lande Ägypten«, heißt es im Bundesbuch (Ex 23,9). Und das Heiligkeitsgesetz formuliert denselben Sachverhalt so: »Und wenn ein Fremder bei dir in eurem Lande sich aufhält, so sollt ihr ihn nicht bedrükken: wie einer von euch soll euch der Fremdling gelten, der sich bei euch aufhält; du sollst ihn lieben, wie dich selbst, denn ihr seid selbst Fremde gewesen im Land Ägypten. Ich bin Jahwe, euer Gott« (Lev 19,33f). Und im Neuen Testament fragt der als Weltenrichter erscheinende Menschensohn die zum Gericht Versammelten ausschließlich nach ihrem Verhalten zu den geringsten Brüdern (und Schwestern) mit denen er identisch ist und in denen er selbst uns präsent bleibt: »Was ihr getan habt einem unter diesen meinen geringsten Brüdern, das habt ihr mir getan« (Mt 25,31–46, besonders V. 40).

Eine zweite Konsequenz reicht über diese Sensibilisierung für die Opfer und ihre Bedürfnisse hinaus und betrifft die praktische Verwirklichung des Asylrechts in einer Welt, in der dieses Grundrecht immer mehr beschnitten wird. Sie

führt zwangsläufig zu einer Konfrontation mit unserem Staat. Der staatlichen Drohung, daß Kirche kein rechtsfreier Raum sei und ihr Handeln daher nicht in Widerspruch zu dem Willen des staatlichen Gesetzgebers stehen dürfe, können Christinnen und Christen sich nicht beugen. Heiligtümer und Tempel haben in der Geschichte der Menschheit seit je Asyl gewährt, und auch die christlichen Kirchen haben in ihrer langen Geschichte dieses Recht immer wieder für sich in Anspruch genommen. Sie können es heute weder klaglos und ohne Einspruch aufgeben noch den Staat unwidersprochen aus der Pflicht entlassen, welche ihm die Väter und Mütter unseres Grundgesetzes auferlegt haben.
Sie können dies um so weniger, und dies ist die dritte, politische, Konsequenz für Christinnen und Christen heute, als uns in der Gegenwart die internationalen Zusammenhänge und Verflechtungen, die zu dem weltweiten Flüchtlingsstrom geführt haben, deutlicher sind, als sie früheren Generationen waren. Wir wissen, daß wir mitbeteiligt sind als Verursacher des Flüchtlingselends. Die ungerechten Verhältnisse und die Unrechtsregierungen, durch die Menschen, um ihr nacktes Überleben zu retten, zur Flucht aus ihrer angestammten Heimat veranlaßt werden, sind mittelbar mitbedingt und werden an der Herrschaft erhalten durch unser Interesse an billigen Rohstoffen und anderen Produkten, mit dem wir zwei Drittel der Welt in kolonialer Ausbeutung halten, ferner: durch die Kapital- und Zinsknechtschaft, die wir ihnen auferlegen, und schließlich: durch die Waffenexporte, mit denen wir diese Regierungen unterstützen. Es gibt keinen Weg zur Änderung des weltweiten Flüchtlingselends, der an der Erkenntnis und dem Eingeständnis dieser Schuld vorbeiführte. Als Christinnen und Christen wissen wir aber, daß es einen Weg der Umkehr gibt, der aus der Schuld herausführt. Er fängt bei uns an. Es ist ein Weg der politischen und wirtschaftlichen Buße, der von uns verlangt wird: ein globales Umdenken und eine globale Umorientierung in allen Bereichen unseres Lebens. Wir brauchen eine neue Politik und eine neue Wirtschaft, die nicht mehr um des egoistischen Glückes weniger willen weltweit so viel Tod und Elend produzieren und exportieren. Aus der Verantwortung für diese

jetzt notwendige Veränderung können wir Christinnen und Christen in einem der reichsten Länder der Erde uns nicht davonstehlen.

Luise Schottroff

»Christen und Asyl«*)

Ich möchte einige grundlegende Orientierungen des christlichen Glaubens, wie sie sich aus der biblischen Tradiition ergeben, beschreiben. Diese Orientierungen haben unmittelbare Konsequenzen für die Haltung von Christen, einzelnen Christen und Christengemeinden, gegenüber Flüchtlingen.

1. Parteilichkeit Gottes

Es ist der Bibel eigentümlich, daß Gott in ihr vorgestellt ist als Gott, der *zuerst bei denen ist, die ganz unten sind.* »Die Letzten werden die Ersten sein (Mt 20,16 u. ö.). »Er stürzt die Gewaltigen von den Thronen und erhöht die Niedrigen. Die Hungernden füllt er mit Gütern und die Reichen schickt er leer weg« (Lk 1,52f). Es sind nicht einzelne Sprüche, aus denen diese Gottesvorstellung deutlich wird, sondern das ganze Neue Testament. Das Neue Testament fußt dabei auf der Gottesvorstellung der jüdischen Tradition. »Die Zöllner und Huren werden euch vorangehen in die Königsherrschaft Gottes« (Mt 21,31). In diese *Tradition der Parteilichkeit Gottes* für die, die unten sind, gehört auch das Gleichnis vom Großen Weltgericht, das speziell auch die Situation der Flüchtlinge bedenkt: »Was ihr getan habt einem unter diesen meinen geringsten Geschwistern, das habt ihr mir getan« (Mt 25,31–46). Gottes Gerechtigkeit ist ein Prozeß. Er beginnt bei denen, die in Not sind.

2. Israels geschichtliche Gotteserfahrung

Diese Gottesvorstellung basiert auf der Gotteserfahrung des Volkes Israel durch viele Jahrhunderte. Die Flucht des Volkes aus Ägypten war der Beginn der Befreiung. Der Exodus war das grundlegende Evangelium Gottes, den das jüdische Volk im Passahfest gefeiert hat. Wenn in späteren Jahrhun-

*) Beitrag zum Forum Flüchtlinge und Einwanderer am Donnerstag, dem 18. Juni 1987, auf dem 22. Deutschen Evangeliscchen Kirchentag in Frankfurt a. M.

derten das Volk unterzugehen drohte, durch die Wegführung nach Babylon und andere Gewalttaten benachbarter Großmächte, hat das Volk zu Gott geschrien und auf seine Parteilichkeit für die Opfer vertraut.

3. Urchristliche Gemeinden sind Gastgeberinnen

Die Entstehung von Christengemeinden im ganzen Römischen Reich basiert auf der Wahrnehmung der Rechte als Gastgeber oder Gastgeberin nach jeweiligem kommunalen Recht. Sehr oft waren es Frauen, die gegenüber den städtischen Verwaltungen die Garantien für ihre Gäste übernahmen. In ihren Wohnungen bildeten sich Hausgemeinden, die aus Gästen von fernher bestanden und aus Leuten aus der Stadt. Sie haben gemeinsam gewirtschaftet, sich als Familie Gottes verstanden und zusammen gebetet, gegessen und sich in allen Fragen des Alltags beraten und unterstützt. Arbeitslosen wurde Arbeit beschafft. Diese Gemeinden waren den Synagogengemeinden innerhalb des Römischen Reiches vergleichbar. Die Verpflichtung zur Gastfreundschaft galt durchreisenden Aposteln und Apostelinnen *und ebenso* Flüchtlingen, die aus anderen Städten vertrieben worden waren, wie z. B. zeitweise die Juden aus Rom. Gastgeber und Gastgeberinnen versorgten die Gäste in jeder Weise. Als Phöbe nach Rom kam, empfahl Paulus den römischen Christen, »nehmt sie im Herrn auf, würdig der Heiligen, und stellt euch ihr in jeder Sache zur Verfügung, die sie braucht« (Röm 16,2). Die Vernetzung der christlichen Gemeinden bedeutete, daß oft aus Flüchtlingen Gastgeber wurden wie im Falle von Prisca und Aquila nach ihrer Flucht aus Rom.

4. Horizont der Eschatologie

Der christliche Glaube ist auf eine Zukunft gerichtet, in der Gott allein König im Himmel und auf der Erde ist, auch *auf der Erde*. Dann werden alle Menschen und Völker so leben können, wie Gott der Schöpfer es gewollt hat. Diese Vision einer gerechten Welt, die die ganze Erde umfaßt, hat konkrete Folgen jetzt sofort. Alle Handlungen orientieren sich an diesem Ziel, darum sind alle Menschen Geschwister.

Darum grenzt sich die christliche Gemeinde nicht nach außen ab, sondern ist offen für jeden und jede, die hinein will. Christen sind Hoffnungsmenschen. Sie übernehmen die Parteilichkeit Gottes und suchen nach dem Beginn der Königsherrschaft Gottes dort, wo die Not am größten ist.

5. Tempelasyle

Tempelasyle oder Asylstädte haben eine lange Tradition, die Israel, andere antike Gesellschaften und die christliche Kirche bis ins 19. Jahrhundert umfaßt. Das Asyl wird dabei nicht nur – wie öfter behauptet wird – dem unvorsätzlichen Totschläger und den flüchtigen Sklaven, sondern auch anderen Flüchtlingen geboten.
Das griechische Wort ἀσυλία bezeichnet dabei die Rechtsgarantie, daß aus diesem Ort niemand weggeführt wird (vgl. oben W. Schottroff, S. 103). Diese Tradition ist zur Zeit der Entstehung des Christentums von den Kaisern in Rom massiv bekämpft worden. Sie verstanden die Asyle als Orte der Unterhöhlung ihrer Herrschaft, als »Hort der Unordnung, des Aufruhrs und des Verbrechens, dessen mißbräuchliche Ausbreitung eingeschränkt werden müsse, wenn die Rechtsordnung nicht Schaden nehmen solle« (W. Schottroff, S. 106).

6. Die obrigkeitliche Sicht auf Flüchtlinge

Es gibt also zwei grundlegend verschiedene Sichtweisen auf Flüchtlinge: die Sicht des Staates im Sinne der Römer und die Sicht der jüdisch-christlichen Tradition. In der Bundesrepublik ist die Sicht des Staates eine Koalition eingegangen mit Ausländerfeindlichkeit in der Bevölkerung. Der Erlaß der Bundesinnenministeriums, AIDS-Kranke oder AIDS-Infizierte nicht über die Grenzen zu lassen, ist ein Dokument dieser Koalition von Ausländerfeindlichkeit in der Bevölkerung und obrigkeitlichem Handeln im Sinne der Römer: Gesindel können wir hier nicht brauchen, das gesunde Volksempfinden entscheidet, wer denn über die Grenze darf. Dieser Erlaß ist ein Beispiel dafür, wie gefährdet die Demokratie bei uns ist. Bei uns gibt es nämlich starke Kräfte, die behaupten, Demokratie sei die Herrschaft der Mehrheit der Bevölkerung auf Kosten der Minderheit und des Restes der Welt. Als Vertreter dieses zutiefst undemokratischen Verständnisses von Demokratie nenne ich den Bundeskanzler. Ich zitiere aus Tacitus, einem römischen Schriftsteller, der beschreibt, wie im Römischen Reich der Staat über die Flüchtlingsasyle denkt: »Die Tempel füllten sich mit dem übelsten Sklavengesindel. Eben dort fanden auch Verschuldete Schutz und Aufnahme gegen ihre Gläubiger und sogar Leute, die im Verdacht eines Kapitalverbrechens standen. Und nirgends fand sich irgendeine obrigkeitliche Gewalt, die stark genug gewesen wäre, aufrührerische Regungen des Volks einzudämmen, das sich vor Missetaten von Menschen schützend stellte, als ob es sich um einen Dienst für die Götter handelte« (Tacitus, Ann. III, 60, vgl. W. Schottroff, S. 106). Das heißt: Gegen die Asyle, in denen der Schutz für Flüchtlinge als Gottesdienst verstanden wird, mobilisierte der Staat die Ressentiments: Flüchtlinge sind Gesindel, der starke Staat muß her. Dieses obrigkeitliche Denken – damals wie heute – ist undemokratisch und zeigt heute an, daß ein Teil der Bevölkerung und der Regierung Demokratie nicht verstanden hat.

7. Die Sichtweise der Bibel

Die Sichtweise der jüdisch-christlichen Tradition steht der obrigkeitlichen diametral entgegen. Glücklicherweise ist unsere Kirche auf dem Weg, immer mehr ihre obrigkeitliche Orientierung aufzugeben und sich auf die Bibel und ihren Gott zu besinnen. Doch trotz vieler guter Initiativen und Stellungnahmen ist heute auch wieder in kirchlichen Leitungsgremien skandalöses Schweigen zu beobachten: Sowohl das Diakonische Werk als auch der Rat der EKD haben zum AIDS-Erlaß geschwiegen und zur Abschiebung von Flüchtlingen in Krisengebiete (Iran, Libanon, Sri Lanka).

Aus dem Gottesverständnis der Bibel ergibt sich,

– daß einzelne Christen einzelne Flüchtlinge zu versorgen haben;

– daß Christengemeinden Gastgeberinnen für jede und jeden sind, die/der sie braucht;

– daß Christen auch das Recht der Flüchtlinge zu verteidigen

haben, die heute gar nicht erst über unsere Grenzen hereingelassen werden bzw. abgeschoben werden;
– daß Christen weltweit orientiert sind, da ihr Gott Hoffnung auf einen neuen Himmel *und eine neue Erde* gibt; konkret heißt das, wir müssen dafür arbeiten, daß immer mehr Menschen begreifen, daß die Flüchtlinge, die wir nicht wollen, durch unsere Mitwirkung an der Ausbeutung der Zweidrittelwelt zu Flüchtlingen wurden;
– daß Konflikte mit obrigkeitlichem Denken und Handeln unvermeidlich sind, wie die Geschichte der christlichen Gemeinden im 1. und 2. Jahrhundert gezeigt hat. – Daß diese Konflikte aber nicht den Sinn haben, eine Kraftprobe zwischen Kirche und Staat anzuzetteln, sondern Menschen, die in Not sind, ihr Recht zu verschaffen. Wenn Flüchtlinge heute von Gemeinden versteckt werden wollen, weil es anders nicht mehr geht, dann müssen sich die Gemeinden an den Opfern orientieren und *mit* ihnen zusammen den besten Weg *für die Betroffenen* suchen. Jesus hat an entscheidender Stelle Jesaja zitiert: »Der Geist Gottes ruht auf mir, weil er mich gesalbt hat; den Armen die frohe Botschaft zu bringen, hat er mich gesandt, um zu verkündigen den Gefangenen Befreiung, den Blinden das Augenlicht, die Mißhandelten in die Freilassung zu führen; auszurufen ein Gnadenjahr Gottes« (Lk 4,18f).

Anhang

Willy Schottroff, Arbeitsbogen zum Thema »Fremde, Gäste und Flüchtlinge in der Welt der Bibel«[1]

1. Zur Einführung. Ausländerhaß, Flüchtlingselend und Asylproblematik als aktuelle Herausforderungen an alle Christinnen und Christen und als Anlaß für eine Besinnung auf die biblische Tradition und die in ihr enthaltenen Praxismomente.

Literatur- und Materialhinweise:

Die aktuelle Berichterstattung der Tagespresse bietet – leider – fast täglich ein so reichhaltiges und erschütterndes Material zur Sache, daß eigentlich schon dieses allein ausreicht, um die prekäre Situation ausländischer Arbeitnehmer und asylsuchender Flüchtlinge in der Bundesrepublik Deutschland zu illustrieren und eine Sensibilisierung für ihre Lage zu bewirken. Dennoch erscheint es sinnvoll, hier aus der Fülle der einschlägigen Literatur einige Titel zu nennen, die geeignet sind, den ersten Einstieg in das Problemfeld zu erleichtern.

a) Um Verständnis für die Lage der in der Bundesrepublik lebenden Ausländer und um den Abbau von Vorurteilen ihnen gegenüber bemühen sich thematisch beispielsweise die folgenden Material- und Argumentationshilfen:
– M. Budzinski/U. Bühmann/K. Clemens u. a., Ausländer – Argumente gegen alltägliche Vorurteile (Argumente 6/1982) [hg. vom Verein für Friedenspädagogik e. V., Seelhausgasse 3, 7400 Tübingen];
– Zur Situation der Ausländer in der Bundesrepublik Deutschland (1982) [hg. von terre des hommes Deutschland e. V., Postfach 4126, 4500 Osnabrück];
– Ausländer in der Bundesrepublik Deutschland (info 10/1983) [hg. von der Ökumenischen Initiative EINE WELT, Ringstraße 10, 4290 Bocholt-Barlo], sowie die alljährlich erscheinenden

1 Der Arbeitsbogen ist als Anleitung für Arbeitsgemeinschaften, Seminargruppen etc. gedacht, die sich das Thema selbständig erarbeiten wollen. Ihm liegen die Arbeitspläne zweier Seminare zugrunde, die der Verfasser im Wintersemester 1985/86 an der Technischen Hochschule Darmstadt und im Wintersemester 1986/87 an der Johann Wolfgang Goethe-Universität Frankfurt a. M. gehalten hat. Ergänzend zur angeführten Literatur ist auf die Kommentare zu den biblischen Büchern hinzuweisen, denen die jeweils zitierten Bibelstellen entstammen.

– Materialien zur Woche der ausländischen Mitbürger [hg. vom Ökumenischen Vorbereitungsausschuß zur Woche der ausländischen Mitbürger, Friedrichstraße 2–6, 6000 Frankfurt a. M.].

b) Nutzen und Notwendigkeit der ausländischen Arbeitnehmer für die deutsche Wirtschaft lassen sehr deutlich die »Berichte zur Ausländerbeschäftigung« der Beauftragten der Bundesregierung für die Integration der ausländischen Arbeitnehmer und ihrer Familienangehörigen [Postfach 14 02 80, 5300 Bonn 1] erkennen, von denen der letzte im September 1986 vorgelegt wurde. Ein spezielles Problem: die Schwierigkeiten der nachziehenden Ehefrauen, behandelt die Broschüre »Auswirkungen des Ausländerrechts auf die Situation der Migrantinnen, insbesondere türkischer Frauen« (Juni 1987) [hg. vom Komitee für Grundrechte und Demokratie e. V., An der Gasse 1, 6121 Sensbachtal].

c) Aus der vielfältigen Literatur, die sich mit Fragen des Asylrechts und der Asylpraxis in der Bundesrepublik Deutschland befaßt, seien hier zur Einführung nur genannt:
– H. Kauffmann (Hg.), Kein Asyl bei den Deutschen. Anschlag auf ein Grundrecht (rororo aktuell 5989), Reinbek bei Hamburg 1986;
– Weggeschickt und abgeschoben. Das Ende des Asyls. Studientag des AStA Uni Mainz (April 1987) hg. vom AStA Uni Mainz, Saarstr. 21, 6500 Mainz);
– Dokumentation über versuchte bzw. durchgeführte Zurückweisungen von Flüchtlingen am Frankfurter Flughafen vom 28. 1. bis 5. 5. 1987, 2. erweiterte Auflage [hg. vom Frankfurter Rechtshilfekomitee für Ausländer e. V. und Frankfurter Flüchtlingsbeirat, c/o ESG, Lessingstr. 2, 6000 Frankfurt/M. 1].

2. *Fremde und Ausländer in der Sicht der Bibel und der Völker in ihrer Welt*

2.1. *Zum geographischen Horizont, zur Abgrenzung von Heimat und Fremde und zur Bestimmung des Verhältnisses zwischen eigenem Volk und Ausländern in der Welt der Bibel*

Literatur- und Materialhinweise:

a) Für die Weltkenntnis der Ägypter und ihre Einstellung zu fremden Völkern sind die folgenden zusammenfassenden Darstellungen aufschlußreich:
– E. Hornung, Einführung in die Ägyptologie. Stand – Methoden – Aufgaben, Darmstadt 1967, 103–107. 111–112 (zu den geographischen Kenntnissen, den ökonomischen, politischen und kulturellen Außenbeziehungen und dem Weltbild der Ägypter mit weiterführender Literatur);

– S. Morenz, Ägyptische Religion (Die Religion der Menschheit 8), Stuttgart 1960, 44–59, vgl. 147 (zum Verehrerkreis der ägyptischen Götter und zum Selbstverständnis der Ägypter in Abgrenzung zu den Völkern ihrer Umwelt);
– W. Helck, Die Ägypter und die Fremden, Saeculum 15 (1964), 103–114.

b) Das mesopotamische Weltbild und die dort vorwaltenden geographischen Anschauungen sind zusammenfassend dargestellt bei:
– B. Meissner, Babylonien und Assyrien II (Kulturgeschichtliche Bibliothek 4), Heidelberg 1925, 107–112. 374–379.
Die Beziehungen der Bewohner des Zweistromlandes zu ihren Nachbarn waren das Thema der XXV. Rencontre assyriologique internationale, Berlin 3. bis 7. Juli 1978:
– H.-J. Nissen/J. Renger (Hg.), Mesopotamien und seine Nachbarn. Politische und kulturelle Wechselbeziehungen im Alten Vorderasien vom 4. bis 1. Jahrtausend vChr. (Berliner Beiträge zum Vorderen Orient I/1–2) Berlin 1982; vgl. hier besonders den Beitrag von G. Steiner, Der Gegensatz ›eigenes Land‹: ›Ausland, Fremdland, Feindland‹ in den Vorstellungen des Alten Orients, a.a.O., 633–664.

2.2. *Fremde und Ausländer in der Sicht des alten Israel*

Literatur- und Materialhinweise:

a) Zu den geographischen Kenntnissen der Israeliten, wie sie aus Stellen wie Gen 2,10–14; 10,1–32; Jubil 8,1–9,15 u. a. hervorgehen, ist zu vergleichen:
– G. Hölscher, Drei Erdkarten. Ein Beitrag zur Erdkenntnis des hebräischen Altertums (Sitzungsberichte der Heidelberger Akademie der Wissenschaften. Phil.-hist. Kl. 1944/48–3), Heidelberg 1949;
– C. Westermann, Genesis. I. Teilband, Genesis 1–11 (Biblischer Kommentar Altes Testament I/1), Neukirchen-Vluyn 1974, 292–298. 662–706 (mit weiteren Literaturangaben).

b) Die verschiedenen hebräischen Begriffe für den Fremden und ihre Bedeutung werden behandelt bei:
– E. Jenni/C. Westermann (Hg.), Theologisches Handwörterbuch zum Alten Testament I–II, München 1971–76 [I, 409–412 (*gūr* »als Fremdling weilen«). 520–522 (*zār* »fremd«); II, 66–68 (*nēkār* »Fremde«). 905–909 (*škn* »wohnen«)], bzw. bei:
– G. J. Botterweck/H. Ringgren/H.-J. Fabry (Hg.), Theologisches Wörterbuch zum Alten Testament Iff, Stuttgart 1973ff I, 979–991 (zu *gēr* und *tōšāb* »Schutzbürger« bzw. »Beisasse«); II, 556–564 (zu *zār* »Fremder«); V, 454–462 (zu *nåkrî* »Ausländer«).

c) Das Verhältnis der Israeliten zu den Nichtisraeliten wird umfassend dargestellt bei:

– A. Bertholet, Die Stellung der Israeliten und der Juden zu den Fremden, Freiburg u. Leipzig 1896;
– L. Ruppert, Der Umgang mit dem Volksangehörigen und mit dem Fremden im alttestamentlichen Gottesvolk, in: J. Herstmann [Hg.], Und wer ist mein Nächster?, Schwerte 1982, 1–36;
– F. Crüsemann, Fremdenliebe und Identitätssicherung. Zum Verständnis der ›Fremden‹ – Gesetze im Alten Testament, Wort und Dienst NF 19 (1987), 11–24.

2.3. Die soziale und wirtschaftliche Stellung der Fremden in Israel

2.3.1. Fremde Spezialisten in den Reichen Israel und Juda

Stellenangaben: Ausländer unter Davids Söldnern (2Sam 11,1–27; 15,18–22;18,9–32; 23,8–39), unter Davids und Salomos Beamten (2Sam 8,15–18 = 1Chr 18,14–17; 2Sam 20,23–26; 1Kön 4,1–19; 5,27–30; 12,18), unter den beim Bau von Tempel und Palast in Jerusalem unter Salomo beschäftigten Handwerkern (1Kön 5,15–7,51 bes. 5,31f; 7,13f), unter den Seeleuten und Kaufleuten der Könige von Juda und Israel (1Kön 9,26f = 2Chr 8,17f; 1Kön 10,11. 22.26–29 = 2Chr 1,14–17; 9,10.21.25.27f; 1Kön 20,34; 22,48–50) und unter den Binnenhändlern ($k^{e}na^{c}an$, bzw. $k^{e}na^{ca}n\hat{\imath}$ »Kanaanäer« = Händler: Hos 12,8; Zeph 1,11; Sach 14,21; Spr 31,24, vgl. Jes. 23,8; Sach 11,7; Hi 40,30).

Literaturhinweise: – R. de Vaux, Das Alte Testament und seine Lebensordnungen I, Freiburg-Basel-Wien ^{2}1964, 124–131. 200f. 210–214.227–229;
– K. Elliger, Die dreißig Helden Davids, in: ders., Kleine Schriften zum Alten Testament (Theologische Bücherei 32), München 1966, 72–118;
– B. Mazar, The Military Elite of King David, Vetus Testamentum 13 (1963), 310–320;
– T. N. D. Mettinger, Solomonic State Officials. A Study of the Civil Government Officials of the Israelite Monarchy (Coniectanea Biblica. Old Testament Series 5), Lund 1971;
– U. Rüterswörden, Die Beamten der israelitischen Königszeit. Eine Studie zu *śr* und vergleichbaren Begriffen (Beiträge zur Wissenschaft vom Alten und Neuen Testament 117), Stuttgart-Berlin-Köln-Mainz 1985;
– M. Elat, Trade and Commerce, in: A. Malamat (Ed.), The Age of the Monarchies: Culture and Society (The World History of the Jewish People (I/4.II), Jerusalem 1979, 173–186.

2.3.2. Die Situation der während der israelitischen Königszeit in die Reiche Israels und Juda integrierten kanaanäischen und anderen nichtisraelitischen Bevölkerungsteile

Stellenangaben: Gen 9,18–27; Dtn 29,10; Jos 9,16–27; 17,13; Ri 1,28. 30.33.35; 2Sam 8,2.6–8.13f; 1Chr 18,2.6–8.12f; 2Sam 12,31 = 1Chr 20,3.
Literaturhinweise: – L. Rost, Noah der Weinbauer. Bemerkungen zu Genesis 9,18ff, in: ders., Das kleine Credo und andere Studien zum Alten Testament, Heidelberg 1965, 44–53;
– W. Thiel, Soziale Auswirkungen der Herrschaft Salomos, in: T. Rendtorff (Hg.), Charisma und Institution, Gütersloh 1985, 297–314 bes. 299–304.

2.3.3. Zur Situation einzelner oder in Gruppen über das Gebiet Israels verstreut lebender und zu den personae miserae gehörender Fremder

Stellenangaben: Lev 19,9f; 23,22; 25,44–46.47–54; Dtn 15,1–6; 23,20f; 24,14f. 19–22; 26,12–15; 28,12.43f; 2Sam 4,3; 1Kön 12,17 = 2Chr 10,17; Ez 47,20–23; Sir 29,21–28.
Literaturhinweise: S. die oben zu Abschnitt 2.2 unter b und c angeführten Titel.

2.4. Die rechtliche Stellung der Fremden und Ausländer in Israel: Schutzgebote, die trotz der faktischen Rechtlosigkeit der Fremden ihre Ausbeutung und Unterdrückung verhindern sollten

Stellenangaben: Ex 22,20; 23,9; Lev 19,33f; Dtn 10,18f; 24,14f; Ps 146,9; Mal 3,5.
Literaturhinweise: a) – E. Fascher, Art. Fremder, in: Reallexikon für Antike und Christentum 8 (1972), 306–347.
– J. M. Horner, Changing Concepts of the ›Stranger‹ in the Old Testament, The Anglican Theological Review 42 (1960), 49–53.
b) Bezüglich der Stellung der Fremden in den Nachbarkulturen Israels ist zu verweisen auf:
– J. Pirenne, Le statut de l'étranger dans l'ancienne Egypte, in: L'étranger I (Recueil de la Société Jean Bodin IX/1), Bruxelles 1958, 93–103;
– G. Cardascia, Le statut de l'étranger dans la Mésopotamie ancienne, in: ebenda, 105–117.
Für die klassische Antike ist über den unter a) genannten Artikel von E. Fascher im Reallexikon der Antike und Christentum hinaus auf eine Reihe von Artikeln in: A. Pauly – G. Wissowa, Real-Encyclopädie der

klassischen Altertumswissenschaft (Neubearbeitung 1894ff), zu verweisen, nämlich auf: E. Weiss, Fremdenrecht, ebenda Suppl. 4, 511–516; H. Hommel, Metoikoi (μέτοικοι), ebenda 15/1, 1431–1458; B. Kübler, Peregrinus 1, ebenda 19/1, 639–655; J. A. O. Larsen – F. Gisinger, περίοικοι (Perioiken), ebenda 19/1, 816–837; E. Berneker, ξενίας γραφή, ebenda 9A/2, 1441–1479. Vgl. weiter: L'étranger I, 119–235.

2.5. *Die Fremden und die Religion Israels in alttestamentlicher Zeit*

2.5.1. Der Anteil der im Wohngebiet Israels lebenden Fremden an der Jahweverehrung

Stellenangaben: a) für die Einbeziehung der Fremden in den Sabbat s. Ex 20,10 = Dtn 5,14; Ex 23,12; doch vgl. demgegenüber Neh 10,32a; 13,15–22;

b) für ihre Teilnahme an den großen Jahresfesten s. Ex 12,18–20. 43–49; Lev 16,29–31; Num 9,14; Dtn 16,9–12. 13–15;

c) für ihre Beteiligung am Opferkult und an der Einhaltung der Speisegebote und Reinheitsvorschriften vgl. Lev 17,8f.10–13.15; 18,26–28; 22,18–20; Num 15,13–16. 27–29; 19,10b–13; Dtn 14,21.

2.5.2. Mission und Proselytentum

Stellenangaben: 1Kön 8,41–43; 2Kön 5,1–27; 2Chr 6,32f; Ps 87,1–7; Jes 2,2–5 = Mi 4,1–5; Jes 45,14–17.20–25;49,6;55,4f; 60,1–22; Jer 16, 19–21; Jona; Zeph 3,9f; Sach 2,15; 8,22f; 14,16.
Literaturhinweise: – K. G. Kuhn – H. Stegemann, Art. Proselyten, in: A. Pauly – G. Wissowa, Real-Encyclopädie der klassischen Altertumswissenschaft Suppl. 9 (1962), 1248–1283;
– E. Bammel, Gerim Gerurim, Annual of the Swedish Theological Institute 7 (1968–69), Leiden 1970, 127–131.

2.5.3. Die Voraussetzungen für die volle Zugehörigkeit zur Jahwegemeinde

Stellenangaben: Beschneidungsgebot und Mischehenverbot: Gen 17,12–14; 26,34f; 27,46; 28,6–9; 34,1–31; Dtn 7,3f; 1Kön 11,1–13; Ex 9,1–10,44; Neh 10,31; 13,23–31; Mal 2,10–16; die Bestimmungen des Gemeindegesetzes: Dtn 23,2–9; Neh 13,1–3; Jes 56,1–8; Apg 8,27.
Literaturhinweise: – K. Galling, Das Gemeindegesetz in Deuteronomium 23, in: Festschrift für A. Bertholet, Tübingen 1950, 176–191;

– O. Bächli, Israel und die Völker (Abhandlungen zur Theologie des Alten und Neuen Testaments 41), Zürich 1962, bes. 85–88;
– ders., Zur Aufnahme von Fremden in die altisraelitische Kultgemeinde, in: Wort-Gebot-Glaube. W. Eichrodt zum 80. Geburtstag, Zürich 1970, 21–26;
– U. Kellermann, Erwägungen zum deuteronomischen Gemeindegesetz Dtn 23, 2–9, Biblische Notizen 2 (1977), 33–47.

2.6. Fremdenhaß und sein Hintergrund am Beispiel des Verhältnisses zu Edom

Stellenangaben: Dtn 23,8f; Ps 137,7f; Klgl 4,21f; Jes 34,1–17; 63,1–3; Jer 49,7–22; Ez 25,12–14; Jo 4,19; Ob 1–21; Mal 1,2–5.
Literaturhinweise: – J. Lindsay, The Babylonian Kings and Edom, 605–550 B. C., Palestine Exploration Quarterly 108 (1976), 23–39.

2.7. Israels eigene Erfahrung mit dem Dasein als Fremdling unter den Völkern und ihre Bedeutung für sein Selbstverständnis und sein Verhalten zu den Fremden

2.7.1. Die Erfahrung der Unterdrückung in Ägypten als verhaltensprägendes Grunderlebnis und die Bedeutung der Erfahrung von Deportation, Exil und Diaspora für das Verhältnis zu Fremden und Ausländern

Stellenangaben: Ex 1,8–22; 5,1–23; – Ex 22,20; 23,9; Lev 19,33f; Dtn 10,18f; 24,17f; vgl. auch Dtn 23,8.
Literaturangaben: – K. L. Schmidt, Israels Stellung zu den Fremden und Beisassen und Israels Wissen um seine Fremdling- und Beisassenschaft, Judaica 1 (1945), 269–297;
– W. H. Schmidt, Diasporasituation im Alten Testament, Die evangelische Diaspora. Jahrbuch des Gustav-Adolf-Werkes 37 (1966), 17–34.

2.7.2. Israels Selbstverständnis als Schutzbürger und Beisasse seines Gottes

Stellenangaben: Lev 25,23; Ps 39,13; vgl. Ps 119,19; 1Chr 29,15.
Literaturhinweise: – H. Wildberger, Israel und sein Land, Evangelische Theologie 16 (1956), 404–422.

3. Von der Heiligkeit des Gastes

3.1. Reisen und Reisende in der Welt der Bibel

3.1.1. Anlässe für Reisen in der Welt der Bibel

Stellen- und Materialhinweise: a) zu Reisen aus administrativen, militärischen und diplomatischen Gründen vgl. etwa die ägyptische literarische Streitschrift des Papyrus Anastasi I bei: A. Erman, Die Literatur der Ägypter (1923), Hildesheim 1971, 270–294, sowie Num 13,1–33; Jes 2,1–24; 2Sam 10,1–5; 2Kön 18,13–19,13; 20,12–19 u. a.;

b) zu Reisen im Dienste des Handels vgl. den Reisebericht des Ägypters Unamūn bei: K. Galling (Hg.), Textbuch zur Geschichte Israels, Tübingen 2. Aufl. 1968, 41–48, sowie Gen 37,25–28.36, die oben unter 2.3.1 genannten Stellen u. a.;

c) zu Botenaufträgen als Anlaß für Reisen s. u. a. 2Kön 9,1–13; 10,1–11; Jer 29,1–32; 51,59–64;

d) zu Wallfahrten als Grund für Reisen vgl. Ex 23,17; 34,23; Dtn 16,16f; 1Sam 1,1–28; Ps 84; 122 u. a.

e) zu Reisen aus privaten Gründen verschiedenster Art s. Gen 24,1–67; 1Sam 9,1–10,16; 17,12–22; 2Kön 4,8–37 u. a.

Literaturhinweise: – L. Casson, Reisen in der Alten Welt, München 1976; bes. 12–57;
– H. Klengel, Handel und Händler im alten Orient, Wien-Köln-Graz 1979;
– E. Ziebarth, Der griechische Kaufmann im Altertum, München 1934;
– Les Pèlerinages (Sources Orientales III), Paris 1960, bes. 13–87;
– S. Safrai, Die Wallfahrt im Zeitalter des Zweiten Tempels, Neukirchen-Vluyn 1981.

3.1.2. Straßen und Unterkünfte für Reisende

Stellenangaben: Num 20,17; 21,22; Jes 8,23; – Gen 19,1–3; Jes 2,1; Ri 19,10b–21; 2Kön 4,10 u. a.
Literaturhinweise: – Y. Aharoni, Das Land der Bibel. Eine historische Geographie, Neukirchen-Vluyn 1984, 43–63;
– H. Bender, Römische Straßen und Straßenstationen (Kleine Schriften zur Kenntnis der römischen Besatzungsgeschichte Südwestdeutschlands 13), Stuttgart-Aalen 1975;
– ders., Römischer Reiseverkehr. Cursus publicus und Privatreisen (Kleine Schriften zur Kenntnis der römischen Besatzungsgeschichte Südwestdeutschlands 20), Stuttgart-Aalen 1978.

3.2. *Die Pflicht der Gastfreundschaft*

3.2.1. Das Recht des unbekannten Gastes auf gastfreundliche Aufnahme und Bewirtung, die Gefahren, die auf einen Reisenden in der Fremde lauerten, und die Pflicht, einen Gast zu schützen

Stellenangaben: 2Sam 12,1–7a (.7b–15); – Gen 18,1–15 im Vergleich mit Ovid Metamorphosen VIII. 626–724 (Philemon und Baucis) und Brüder Grimm, Kinder- und Hausmärchen Nr. 87: »Der Arme und der Reiche« bzw. L. Bechstein, »Die drei Wünsche« und im Kontrast zu Gen 19,1–11; Ri 19,1–30; – Lk 10,30 u. a.
Literaturhinweise: – O. Hiltbrunner – D. Gorze – R. Wehr, Art. Gastfreundschaft, Reallexikon für Antike und Christentum 8 (1972), 1061–1123;
– M. Löhr, Gastfreundschaft im Lande der Bibel einst und jetzt, Palästina Jahrbuch 2 (1906), 52–63;
– L. Haefeli, Die Beduinen von Beerseba. Ihre Rechtsverhältnisse, Sitten und Gebräuche, Luzern 1938, 76–80. 134–144;
– D. Flückiger-Guggenheim, Göttliche Gäste. Die Einkehr von Göttern und Heroen in der griechischen Mythologie (Europäische Hochschulschriften III/237), Bern-Frankfurt a. M. – New York 1984;
– M. Landau, Die Erdenwanderungen der Himmlischen und die Wünsche der Menschen, Zeitschrift für vergleichende Literaturgeschichte NF 14 (1900), 1–41;
– K. Rauschel, Nachträge zu Landau's »Erdenwanderungen der Himmlischen«, ebenda, 472f.

3.2.2. Die Heiligkeit des Gastes

Stellen- und Materialhinweise: Mt 25,31–46 und das antike Hintergrundsmaterial dieses Textes: Spruch 125 des ägyptischen Totenbuches (E. Hornung, Das Totenbuch der Ägypter, Zürich-München 1979, 233–245), die sogenannten »buzygischen« Flüche, jüdische Parallelen und verwandte neutestamentliche Stellen: Mk 9,37 par; 9,41; Lk 10,29–37; Röm 12,13; Hebr 13,2; 1Petr 4,9.
Literaturhinweise: – A. Wikenhauser, Die Liebeswerke in dem Gerichtsgemälde Mt 25,31–46, Biblische Zeitschrift 20 (1932), 366–377 (zu jüdischem und frühchristlichem Material);
– A. Bolkestein, Wohltätigkeit und Armenpflege im vorchristlichen Altertum (1939), Groningen 1967 (vgl. Register unter »Gastfreundschaft« und ἀραὶ Βουζύγιοι).

3.2.3 Gastfreundschaft und urchristliche Mission

Literaturhinweise: A. von Harnack, Die Mission und Ausbreitung des Christentums in den ersten drei Jahrhunderten I ([4] 1924), Leipzig 1965, 200–220;
– H.-J. Klauck, Hausgemeinde und Hauskirche im frühen Christentum (Stuttgarter Bibelstudien 103), Stuttgart 1961.

4. Vom Elend des Flüchtlingsdaseins und der Wohltat des Asyls

4.1. Gründe, die zur Flucht aus der angestammten Heimat veranlaßten

Stellen- und Materialhinweise: a) Bluttaten als Fluchtgrund (Ex 21, 12–14; Num 35,9–28; Dtn 4,41–43; 19,1–13; Ex 2,11–15; 2Sam 13,23–37; 1Kön 19,1–4); b) der Einfall eines feindlichen Heeres (Jes 16,1–4a; Jer 41,11–43,7 u. a.); c) politische Verfolgung (vgl. die Geschichte des Ägypters Sinuhe bei K. Galling [Hg.], a.a.O. [s. oben unter 3.1.1.], 1–12, und die Idrimi-Inschrift aus Alalaḫ bei O. Kaiser [Hg.], Texte aus der Umwelt des Alten Testaments I, Gütersloh 1982–85, 501–504; ferner Ri 9,1–21; 1Sam 19,9–18. 22,1–5; 27,1–4; 1Kön 11,14–12,2.20 u. a.); d) Dürren und Hungersnöte (vgl. den Brief eines altägyptischen Grenzbeamten an seinen Vorgesetzten aus dem beginnenden 12. Jh. vChr. bei K. Galling [Hg.], a.a.O., 40f; Gen 12,10; 46,1–47,12; Ru 1,1–5; 2Kön 8,1–6); e) Überschuldung und Verarmung (Ri 9,4; 1Sam 22,2; 1Kön 11,23–25; Hi 24,4b–8.10–12); f) Sklavenflucht (Dtn 23,16f; 1Sam 25,10; 1Kön 2,39; Sir 33,31f; Phlm; vgl. auch die auf entlaufene Sklaven bezüglichen ägyptischen Papyri bei A. Erman, a.a.O. [s. oben 3.1.1.], 252f, und bei H. Thierfelder, Unbekannte antike Welt. Eine Darstellung nach Papyrusurkunden, Gütersloh 1963, 130f).
Literaturhinweise: für diesen und den folgenden Abschnitt vgl. die Literatur in den Anmerkungen zu meinem Aufsatz: »Kirche als unantastbarer Raum für Flüchtlinge«.

4.2. Asylstätten im Alten Testament und seiner Umwelt

Stellen- und Materialhinweise: a) Die altorientalischen Rechtssammlungen und Staatsverträge enthalten vielfältige Bestimmungen über die Aufnahme bzw. Auslieferung von Flüchtlingen, insbesondere entlaufenen Sklaven, vgl. die Zusammenstellung des Materials bei E. Ebeling, Art. Flüchtling, in: Reallexikon der Assyriologie III (1957–71), 88–90, und für die dort angeführten Texte: O. Kaiser [Hg.], a.a.O. I, 17–189. b) Für das Alte Testament sind neben Dtn 23,16f und 1Sam 27,1–7 zu vgl.: Ex 21,12–14; 1Kön 1,50–53; 2,28–31; Num 35,9–34; Dtn 4,41–43; 19,1–

13; Jos 20,1–9. c) Die Wohltat des gefundenen Asyls preisen: Ps 23; 27,1–6; 57; 61 u. a. d) Für Asylstätten in Ägypten und der griechischen Welt und die Asylfeindlichkeit des Imperium Romanum s. u. a. Plutarch, Solon 12 = Thukydides I, 126; Herodot V, 71; ferner: Livius, Ab urbe condita XXV, 51; Tacitus, Annalen IX, 14; Livius, Ab urbe condita I, 8.5; Sueton, Tiberius 37 = Tacitus, Annalen III,60, vgl. III,36.

5. *Konsequenzen* für Christinnen und Christen in der »ersten« Welt heute.

Literatur- und Materialhinweise: – Flüchtlinge und Asylsuchende in unserem Land (EKD-Texte 16), Hannover 1986; Flüchtlingsinitiativen – eine Reaktion auf zunehmende Ausländerfeindlichkeit. Berichte von ›Pro Asyl‹-Gruppen, Texte zur Lage, epd-Dokumentation Nr. 14/87 (23. 3. 1987).

Willy Schottroff

Gleichgeschlechtliche Liebe*)

»Leid ist mir um dich, mein Bruder Jonathan, du warst mir sehr lieb. Wunderbarer war mir deine Liebe als die Liebe von Frauen« (2Sam 1,26).

In diesen schmerzbewegten Worten gipfelt die Totenklage, in die David im ersten Kapitel des zweiten Buches Samuel ausbricht, als ihm die Nachricht überbracht wird, sein Freund Jonathan sei zusammen mit dessen Vater Saul und zweien seiner Brüder beim Kampf gegen die Philister auf dem Gilboa-Gebirge ums Leben gekommen. Was an Davids Klage überrascht, ist die vorbehaltlose Offenheit, ja, erstaunliche Selbstverständlichkeit, mit der in ihr davon die Rede ist, daß es *zwischen zwei Männern* eine Liebe geben kann, deren Bedeutung für die Betreffenden die Beziehung zum anderen Geschlecht in jeder Hinsicht übersteigt. Zur Vervollständigung des Bildes muß man hinzufügen, daß die Bibel ähnlich vorbehaltlos auch von der Liebesbeziehung *zwischen zwei Frauen* reden kann. Denn wie anders soll man sich die in der damaligen Gesellschaft ganz ungewöhnliche, über den Tod des Mannes hinaus andauernde Anhänglichkeit der Moabiterin Ruth an ihre israelitische Schwiegermutter Naemi erklären (Ru 1,15–18)? Für Ruth hätte es nahegelegen, nach dem Tod ihres Mannes in Haus und Familie ihres Vaters zurückzukehren, wie dies Orpa, die andere Schwiegertochter Naemis, auch tat (Ru 1,7–14). Wenn Ruth dennoch bei ihrer Schwiegermutter blieb, dann beruht dies auf keiner aufweisbaren rechtlichen, moralischen oder sonstigen Verpflichtung, sondern einzig auf der Treue der Liebe, die zwischen diesen beiden Frauen bestand. Naemi gegenüber wird Ruth deshalb von den Nachbarinnen in Bethlehem: »deine Schwiegertochter, die dich liebt« Ru 4,15) genannt.

*) Ansprache im Gottesdienst mit Abendmahl der Berliner Mittwochkirche am 19. 6. 1987 auf dem 22. Deutschen Evangelischen Kirchentag in Frankfurt a. M.

In beiden Fällen fehlte es den Betreffenden nach der Darstellung der Bibel indessen nicht an *Beziehungen zum jeweils anderen Geschlecht.* Die Moabiterin Ruth war in ihrer Heimat mit dem inzwischen verstorbenen ältesten Sohn der Naemi verheiratet gewesen (Ru 1,4f). Und am Ende des nach ihr benannten Buches vollzieht Boas in Bethlehem mit ihr die Leviratsehe und macht über das aus dieser Verbindung hervorgegangene Kind Ruth und ihre Schwiegermutter zu Ahnfrauen Davids (Ru 4). David andererseits hatte zahlreiche Frauen, – einen ganzen Harem voll (2Sam 16,21f). Aber nicht die Liebe bestimmte in jedem Einzelfall die Beziehung zu der jeweiligen Frau, sondern ein ganzes Bündel von Interessen und Motiven war bei der Vielzahl dieser Heiratsverbindungen im Spiel und gestaltete die Beziehung in der Regel zu etwas Dinglich-Objektivem und Unpersönlichem. Das Streben nach Anknüpfung und Festigung politischer Beziehungen etwa war ein maßgeblicher Gesichtspunkt bei solchen Eheschlüssen. So zeigte sich Saul (wenn auch in hinterhältiger Absicht und um David zu verderben) bestrebt, seinen jungen Gefolgsmann dadurch noch stärker als zuvor an sich zu binden, daß er ihm seine Tochter Michal zur Frau gab (1Sam 18,17–21). Und David selbst suchte durch seine Heiraten beispielsweise mit Abigail, der Witwe des reichen Herdenbesitzers Nabal, und mit Ahinoam von Jisreel (1Sam 25,39–43) die Verbindung zu bedeutenden und angesehenen Geschlechtern seiner judäischen Heimat – und auf diese Weise mehr Prestige, mehr Einfluß und größere Macht. Diese Heiraten waren für David Schritte auf dem Weg nach oben: Mittel der Karriere, wie es Ehen oft auch heute noch sind. Andere Heiraten dienten ihm, nachdem er einmal auf dem Gipfel der Macht angelangt war, dazu, das Erreichte zu festigen. Daneben war auch der Wunsch nach zahlreicher Nachkommenschaft, die das Ansehen eines Mannes und ganz besonders das eines Herrschers im Bewußtsein seiner Zeitgenossen erhöhte und darüber hinaus den Fortbestand einer Dynastie, eines Geschlechts oder einer Sippe und letzten Endes auch: eines ganzen Volkes sichert, mit ein wichtiger Grund für die vielen Ehen, die David einging (2Sam 3,2–5; 5,13–16; vgl. 1Chr 3,1–9; 14,3–7). Sexualität ist in diesen Zusammenhän-

gen in erster Linie Mittel der Fortpflanzung und der Herrschaft von Menschen über Menschen, vor allem der Männer über Frauen. Bestenfalls dient sie darüber hinaus noch der einseitigen Befriedigung der Lust wie etwa in Davids Ehebruch mit Bathseba (2Sam 11,1–12,25). Immer jedoch macht sie Menschen zum Objekt und wird sie eingesetzt, um Menschen zu funktionalisieren und sie herangetragenen Zwecken zu unterwerfen. Sexualität ist in diesen Zusammenhängen nirgends das, was sie erst wirklich menschlich macht: nämlich die zweckfreie, nur sich selbst genügende Sprache der Liebe, die nichts als den anderen sucht und in der im Miteinander zweier Menschen deren tiefste Wünsche und Sehnsüchte Ausdruck und zugleich Stillung finden.[1]
Die Bibel wäre nicht die Bibel, wenn sie diese Verstrickung Davids in das Geflecht politischen Kalküls verschwiege oder gar beschönigte. Aber sie wäre auch nicht das Buch eines unvergleichlichen Realismus und schrankenloser Wahrheitsliebe, das sie ist, wenn sie uns nicht zugleich jenseits dieser vordergründigen Bindungen einen Blick unmittelbar in das Herz Davids selbst tun ließe und uns zeigte, was dieses Herz in Wirklichkeit bewegte, *welches die eigentliche Sprache der Liebe war, die es verstand und in der es seine Erfüllung fand.* Die Bibel tut dies, indem sie uns die Geschichte des noch wenig welterfahrenen, hübschen Hirtenjungen David aus Bethlehem erzählt, der von seinem Vater Isai in das Hügelland der Šephela hinabgesandt wird, wo die drei ältesten seiner sieben Brüder sich im Terebinthental beim Heere Sauls im Kampf gegen die Philister befinden (1Sam 17). Von seinem Vater hat David den Auftrag bekommen, sich nach dem Ergehen seiner Brüder zu erkundigen und ihnen geröstetes Korn und Brot sowie dem Obersten ihrer Tausendschaft einige Käse zu überbringen. Aber unversehens gerät er in die israelitische Schlachtreihe und wird Zeuge des täglichen Auftritts Goliaths, eines riesenhaften und schwer bewaffneten

1 Vgl. dazu: Homosexuelle in der Kirche? Ein Text der Theologischen Studienabteilung beim Bund der Evangelischen Kirchen in der DDR hg. von der Aktion Sühnezeichen/Friedensdienste, Berlin 1985; M. Bußmann, Frauen in der Kirche – Feministische Theologie, Junge Kirche 48 (1987), [273–277] 275f.

Vorkämpfers der Philister, der die wenig kampfgewohnten Bauern und Hirten im Heerbann Sauls mit seinen frechen und prahlerischen Schmähreden einschüchtert und zum Zurückweichen bringt. Da entschließt sich der unerschrockene, rotblonde Junge, auf die Herausforderung des Philisters einzugehen und im Vertrauen darauf, daß der Gott Israels sein schwer bedrängtes Volk in seinem Freiheitskampf nicht im Stich lassen wird, im Zweikampf mit Goliath die akute Gefahr und zugleich die Schmach der Beschimpfung von Israel zu nehmen. Nur mit einem Stock, fünf glatten Steinen, die er im Bach aufgelesen hat, und einer Schleuder bewaffnet, gelingt es dem leichtfüßigen Hirtenjungen tatsächlich, den schwerfälligen, mit Schuppenpanzer und Helm bewehrten philistäischen Berufskrieger durch einen geschickt gezielten Schuß auf die Stirn zu Fall zu bringen und anschließend mit seinem eigenen Schwert zu töten. Der siegreiche Junge wird, so lesen wir, vor Saul gebracht, und der Erzähler fährt fort: »Da fesselte sich die Seele Jonathans (des ältesten Sohnes Sauls, der dabeistand) an die Seele Davids, und Jonathan gewann ihn lieb wie sein eigenes Leben. Saul aber nahm ihn an jenem Tage zu sich und ließ ihn nicht mehr in das Haus seines Vaters zurückkehren. Und Jonathan zog das Obergewand aus, das er anhatte, und gab es David, ebenso seine Rüstung und auch sein Schwert und seinen Bogen und sogar seinen Gürtel« (1Sam 18,1–4). Es war eine Liebe auf den ersten Blick, die in diesem Augenblick zwischen den beiden jungen Männern entbrannte und in ihrem spontanen Bruderbund ihren Ausdruck fand. Aber es war keine bloß vorübergehende Gefühlsregung, die ebenso rasch, wie sie aufgeflammt war, auch wieder erlosch. Sie wurde in der Folgezeit bis zu dem allzu frühen Tod Jonathans sogar noch intensiver und wuchs unter den Belastungen, denen sie alsbald ausgesetzt war, weil Saul in seiner Eifersucht auf Davids Erfolge und Beliebtheit beim Volk diesem nachstellte und ihm auf vielfältige Weise nach dem Leben trachtete. Jonathan steht bei alledem treu auf der Seite Davids und nimmt lieber den Zorn seines Vaters auf sich als von seinem Freunde zu lassen, dem er die verderblichen Pläne Sauls enthüllt und auf diese Weise hilft zu entkommen (1Sam 20).

Es ist notwendig, sich ausdrücklich daran zu erinnern, *daß die Bibel nicht nur eine Sprache der Liebe, nämlich die heterosexuelle, kennt und anerkennt*, sondern genauso unbefangen auch von der innigen Beziehung eines Mannes zu einem Mann oder einer Frau zu einer Frau als von möglichen Weisen menschlicher Liebe reden kann, ja, sie offen als solche gelten läßt. Denn zumindest aus der bis heute reichenden Wirkungsgeschichte eines in der hebräischen Bibel zweimal überlieferten Gebotes entsteht der Eindruck, als sei dies ganz und gar ausgeschlossen und gerade das genaue Gegenteil der Fall. »Einem männlichen Wesen darfst du nicht beiwohnen wie einer Frau; das wäre ein Greuel«, liest man in Leviticus 18,22. Und Leviticus 20,13 greift den gleichen Sachverhalt nochmals auf, um eine drakonische Strafe an ihn zu knüpfen: »Wenn ein Mann mit einem männlichen Wesen schläft wie mit einer Frau, so haben beide einen Greuel begangen; sie sollen getötet werden; ihr Blut haftet an ihnen.« Zum vollen Verständnis dieser beiden Sätze muß man sich allerdings vor Augen halten, daß es sich bei ihnen primär keineswegs um allgemeingültige ethische Regeln handelt, die ein widernatürliches und daher zu verabscheuendes Verhalten unter Androhung der Todesstrafe ein für allemal ächten wollen. Dem in der Exilszeit entstandenen »Heiligkeitsgesetz« (Lev 17–26), dem diese Sätze entstammen, geht es bei diesem Sachverhalt vielmehr in erster Linie darum, bestimmte gleichgeschlechtliche Praktiken in Fremdkulten, die Israel damals gefährlich wurden, als mit dem Glauben an seinen Gott unvereinbare »Greuel« auszuschließen.[2] Der zunächst noch unmittelbar deutliche Entstehungshintergrund, den dieses Gebot in der notwendigen und legitimen Selbstabgrenzung der israeliti-

2 Zu tô^{c}ebā »Greuel« im Sinne solcher fremden Kultgebräuche, die im Interesse der Wahrung der von Überfremdung bedrohten eigenen religiösen Identität geächtet werden, s. E. Gerstenberger, in: E. Jenni – C. Westermann (Hg.), Theologisches Handwörterbuch zum Alten Testament II, München-Zürich 1976, [1051–1055] 1054. Zur Rolle der männlichen und weiblichen Homosexualität im vorderasiatischen Raum s. den das Material aus dem alten Zweistromland verarbeitenden Artikel von J. Bottéro – H. Petschow, Homosexualität, in: Reallexikon der Assyriologie IV, Berlin-New York 1972–1975, 459–468.

schen Religion gegenüber fremden Kulten hatte, vermochte freilich auf die Dauer der Zeit sein Mißverständnis als einer jederzeit und unter allen Umständen verbindlichen ethischen Norm nicht zu verhindern.

Auf diese Weise hat *die Bibel durch die Wirkungsgeschichte* eines der in ihr enthaltenen Gebote entgegen ihrer eigentlichen Grundintention faktisch doch *zur Ächtung und zu der durch die Jahrhunderte der abendländischen Geschichte sich hindurchziehenden Leidensgeschichte homosexueller Menschen beigetragen.*[3] Man muß dies offen aussprechen, um zu verhindern, daß aus der falschen Wirkungsgeschichte immer neuer Schaden entsteht. Mit der Bibel ist weder die angebliche Ungeordnetheit und Widernatürlichkeit der Homosexualität[4] noch ihre gesellschaftliche und kirchliche Ächtung oder gar die Forderung ihrer Strafbarkeit zu begründen und zu legitimieren. Für die Bibel ist die Liebe zwischen zwei Männern oder zwei Frauen ebenso Liebe wie die Liebe zwischen Mann und Frau und nicht eine körperliche oder seelische Krankheit, die man therapieren oder der man seelsorgerlich begegnen muß. Sie ist schon gar nicht jener Abgrund an Verworfenheit, aus dem zwangsläufig alle erdenklichen Seuchen und Übel bis hin zu Aids hervorgehen, als der sie in der Geschichte der Kirche und der christlichen Völker immer wieder dargestellt worden ist. Wer so argumentiert, kann sich nicht auf die Bibel berufen. Seine Auffassung ist vielmehr sogar zutiefst unbiblisch, und er sollte offen zugeben, daß er in Wirklichkeit geleitet ist vom Interesse an der bevölkerungspolitischen Verwertbarkeit menschlicher Sexualität, das den menschlichen Geschlechtstrieb ausschließlich in *eine* Richtung kanalisieren möchte. Und er sollte eingestehen, daß aus

3 Zur erschütternden Leidensgeschichte homosexueller Menschen während der Zeit des Nationalsozialismus in Hamburg s. Verachtet-verfolgt-vernichtet – zu den ›vergessenen‹ Opfern des NS-Regimes hg. von der Projektgruppe für die vergessenen Opfer des NS-Regimes in Hamburg e. V., Hamburg 1986, 47–63.

4 Ein bestürzendes Dokument der Unbelehrbarkeit in dieser Hinsicht und der Verhärtung ist das Schreiben der Kongregation für die Glaubenslehre an die Bischöfe der katholischen Kirche über die Seelsorge für homosexuelle Personen vom 30. Oktober 1986 (Verlautbarungen des Apostolischen Stuhls 72), Bonn 1986.

ihm nicht so sehr die Sorge um Gottes Willen und Gebot, sondern das Interesse an Angepaßtheit und Beherrschbarkeit der Menschen spricht, dem jedes abweichende Verhalten als gefährlich und daher verwerflich gilt.

Aber Gottes heilsamer Wille mit den Menschen ist kein heilloser Zwang, der sie nötigt, anders zu sein, als sie sind. *Wir dürfen so sein, wie wir sind*: ein jeder so, wie er sich vorfindet. Und darum klagt David im Blick auf die tiefste Liebe, die er in seinem Leben erfahren hat, nachdem sie zu Ende ist, ganz offen und laut: *»Leid ist mir um dich, mein Bruder Jonathan, du warst mir sehr lieb. Wunderbarer war mir deine Liebe als die Liebe von Frauen.«*